I

COUPS DE GARCETTE

LETTRES

SUR LA SITUATION DU PARTI RÉPUBLICAIN

DANS LES COTES-DU-NORD

PAR

E. LE NORDEZ

1ʳᵉ LETTRE

EDITEUR : PETITET-COUVREUX, rue des Jacobins

A POITIERS

AVIS

Les **Lettres** *de M. E. LE NORDEZ seront
au nombre de* **douze** *et paraîtront, non pas
périodiquement, mais successivement, et à
peu de jours d'intervalle.*

*Leur pagination étant suivie, elles pour-
ront former un petit volume de deux cents
pages.*

*Les personnes qui désireraient souscrire
pour recevoir ces* **12 Lettres** *par abonnement, et les libraires qui en voudraient recevoir
en dépôt, peuvent s'adresser soit à l'Editeur,
N. PETITET-COUVREUX, à Poitiers, soit à
Mᵐᵉ COURTÈS, à Saint-Quay-Portrieux (Côtes
du-Nord).*

Le prix montant de la souscription est de
3 fr. *et chaque exemplaire est vendu* **15** *centimes.*

COUPS DE GARCETTE

1re LETTRE

18 Juin 1887.

A. . . . ?

A. qui puis-je bien adresser cette lettre et celles dont je me propose de la faire suivre?

Ce n'est assurément pas aux huit ou dix personnalités qui, — réunies en coterie, — se disent, se croient et se sont, à la vérité, constituées les chefs du parti Républicain dans les Côtes-du-Nord. Quand je viens incriminer leurs actes, démasquer leurs manœuvres, démontrer l'astuce des uns et l'incapacité des autres, je n'ai pas la naïveté de croire qu'ils consentiront à m'entendre. Je sais, par expérience, que la vérité est une garcette dont ils redoutent les coups. Au **Patriote** en **1884**, comme à la **Bretagne Républi-caine** en 1872, ils m'ont prodigué des adula-tions et des cajoleries autant de temps que j'ai, avec une docilité qui peut m'être à bon droit reprochée, docilement servi leurs vanités et leurs haines. « Tout flatteur vit aux dépens de celui qui l'écoute », et je me sens moins humble qu'humilié quand j'avoue avoir sottement joué avec eux le rôle du corbeau de la fable. Mais du jour où jurant, un peu tard, qu'on ne m'y prendrait plus, il m'a pris envie de m'affranchir de leur despotique tutelle, je n'ai plus été bon à rien.

« Comment en un plomb vil l'or pur s'est-il changé ? »

Tout simplement parce que j'ai eu l'audace de vouloir résister aux mesquins calculs, aux agissements hypocrites, aux compromissions impudentes qui sont — je le prouverai par des faits et des documents authentiques — toute la politique des membres de la coterie que j'attaque.

Et puis, n'était-ce pas le comble de la témérité que de parler avec indépendance de leurs créatures et de leurs amis, d'un préfet comme M. Cavé-Esgaris, d'un procureur comme M. Drouard et de maints autres salariés plus encore insuffisants que suffisants !

Ne pas tenir pour des dogmes Républicains l'inviolabilité de ceux-ci, et l'infaillibilité de ceux-là, c'était de l'hérésie et je fus excommunié !

Certes, pour m'amener à résipiscence, on a usé de tous les moyens, de la séduction d'abord, de l'intimidation ensuite ; mais je demeure dans l'impénitence, parce qu'elle a l'inappréciable avantage de m'assurer l'indépendance et de me permettre de dire, dans ces Lettres, tout ce que je sais et tout ce que je pense sur le caractère et les actes de ceux qui m'ont... excommunié.

Je le ferai sans haine — bien que j'en puisse légitimement ressentir — mais aussi sans crainte ; la modération de la forme ne fera rien perdre à la sévérité du fond et **rien**, — j'insiste sur ce mot, — rien ne réussira à me détourner de mon but ou à m'arrêter en chemin.

Ceux que j'attaquerai ne seront pas embarrassés pour se défendre. D'abord, ils ont le **Patriote**, maintenant tout à eux et bien fait à leur goût et à leur image. Puis, ils savent pouvoir compter, au moins depuis l'épuration de la magistrature, sur la justice du tribunal comme sur l'appui du Ministère public ; ils sauront bien, si je leur en fournis le motif, me donner des rendez-vous à la **Correctionnelle**, ce qui me fournira l'occasion désirée de rétracter en public les éloges immérités que je prodiguai, à d'aucuns d'entre eux, dans la fameuse séance du 3 mai. Qui sait si, dans le **Pamphlet**, que ce jour là je déchirai, je ne trouverai pas mes meilleurs moyens de défense ? Je vais le relire et, comme peu de gens le connaissent, peut-être y ferai-je quelques emprunts.

Parmi ceux qui servent les cabales de la coterie, j'en sais plus d'un qui en rougit et s'en révolte, mais, en même temps, craint de se compromettre en s'en affranchissant. A Dinay, à Launion, à Loudéac, à Paimpol, bien des républicains pensent ce que je dirai ; mais, par un faux sentiment de discipline, ils n'en conviendront pas, et, si je paraissais être leur interprète, ils me désavoueraient.

On dira, — on m'a déjà dit — que mon entreprise est blamable, parce qu'elle aura pour résultat la dislocation du parti Républicain de ce département.

Cette éventualité ne peut m'arrêter.

Pour qu'il pût se produire une dislocation, il faudrait qu'il y eût une organisation. Or, ce que je veux avant tout démontrer c'est qu'il n'en existe aucune ; c'est que les Républicains de ce département sont comme les soldats d'une armée en débandade, sans direction ni discipline, ce qui rend à leurs adversaires la victoire de plus en plus facile. Ce que je tiens ensuite à établir, c'est que cette situation est le résultat — et le résultat voulu — de la tactique et de la conduite des prétendus chefs de ce prétendu parti Républicain.

Mais, en supposant que ce parti soit organisé, on montrerait et l'on donnerait une médiocre confiance dans l'union de ses membres en prétendant que quelques lignes tombées de ma plume la peuvent briser. De deux choses l'une : ou je ne réussirai pas à justifier mes accusations, et il n'en résultera que de la confusion pour moi ; ou bien je saurai convaincre les Républicains qui me liront et ils me sauront certainement gré d'avoir purgé leur parti de la coterie qui, comme un ténia invisible et ignoré, vit à ses dépens depuis trop longtemps, l'épuise et le tue.

S'il en était autrement, si — mes preuves faites — les Républicains gardaient pour chefs les hommes dont il s'agit, il me faudrait reconnaître qu'ils sont dignes les uns des autres et, dès lors, je m'honorerais en répudiant toute solidarité de principes et d'espérances avec eux.

Je prévois bien que, pour donner le change, les fouaillés crieront que je travaille pour la réaction et que mes **Lettres** s'adressent à ses chefs.

Ceux qui travaillent pour la réaction, ce sont les Républicains dont l'incapacité et l'indignité finissent par dégouter de la République ceux qui attendaient d'elle la prospérité du pays. Dans les Côtes-du-Nord tout particulièrement, la force des réactionnaires vient de la faiblesse des Républicains; les défaites de ces derniers sont dues à ceux qui les mènent et contre la nullité ou la perfidie desquels tout électeur honnête et clairvoyant croit de son devoir de **réagir.** C'est ce qui a permis à l'**Indépendance Bretonne** de répéter que je servais la cause de ses amis, lorsque j'étais le porte-voix fidèle de la coterie dont je viens, en connaissance de cause, dénoncer les agissements.

Certes, j'ai eu dans ces agissements, une trop large part de complicité et, conséquemment, de responsabilité, pour qu'on ne découvre pas aisément dans ce que j'écris ici un **meâ culpâ** plein de contrition. Quand je songe à ce que sont, à ce que valent les personnalités au compte et au profit desquelles j'ai, un an durant, malmené, provoqué et offensé tant de gens que je ne connaissais point personnellement, je me demande si ce ne me serait pas un devoir de loyauté et de dignité d'adresser à plusieurs des excuses sans réserve. Mais, j'ai la certitude que **Lettres** et excuses me reviendraient avec ce mot péremptoire : **Refusé,**

A la vérité, les ressentiments des réactionnaires contre moi sont trop légitimes pour que je puisse attendre d'eux un autre accueil. D'ailleurs, je ne saurais avoir plus de confiance dans leur impartialité qu'ils n'en ont dans ma sincérité.

Ceux que j'ai combattus, pas plus que ceux que j'ai défendus jadis ne peuvent donc être juges dans un débat où ils sont parties intéressées.

Les acteurs de la Comédie politique relèvent de l'appréciation des spectateurs de l'**Opinion publique**. Et, par opinion publique, j'entends le jugement calme et réfléchi que l'ensemble des citoyens de bon sens et de bonne foi portent sur les affaires du pays et sur tous ceux qui, à un titre quelconque, ont ou veulent avoir une part dans leur administration.

Or, cette masse de braves et honnêtes gens, qu'anime un patriotisme plus éclairé que bruyant, ne juge pas — quoi qu'on en pense — d'une politique d'après les prospectus de ceux qui la font ou les boniments de leurs courtiers, mais d'après les résultats qu'elle donne, les réformes et les progrès qu'elle réalise, la sécurité qu'elle assure au pays, par la grandeur morale plus encore que par la prospérité matérielle qu'elle apporte dans la nation.

Les politiciens se figurent qu'ils **mènent** l'opinion publique et qu'elle obéit à leur impulsion, erreur; elle n'est ni leur dupe ni leur complice. Elle regarde; elle réfléchit; prend son temps; mais quand on a lassé sa patience, elle sait briser ceux qui se croyaient ses idoles, gouvernements et gouvernants. A son heure, elle déjoue et punit ceux qui ont abusé de sa

confiance; les hommes publics que je traduis
devant son tribunal ne s'en sont pas assez sou-
venus.

Je ne leur demanderai pas de relire l'histoire
gouvernementale de la France depuis un siècle;
mais je les invite à jeter avec moi un coup d'œil
sur les faits de l'heure présente. La dernière
crise ministérielle contient de graves enseigne-
ments que d'aucuns s'efforcent de cacher, mais
qu'il est plus sage de faire envisager au corps
électoral.

On raconte que M. Grévy, ayant appelé à
l'Elysée le chef des droites, lui aurait fait envisager comme fatales la guerre civile et certaine
dictature militaire si les droites, en refusant
leurs concours au Ministère Rouvier, « ren-
daient impossible l'exercice régulier du pouvoir. »

Pareil langage n'a pu être tenu par le chef
de l'Etat; mais il n'en est pas moins vrai qu'il
traduit bien la situation et qu'il exprime les
sentiments de beaucoup de gens très dévoués à
la République. On voudra bien, sans nul
doute, tenir pour Républicain Mr Naquet ?
Eh! bien, voici comment, dans son journal,
lui et ses collaborateurs envisageaient la situation.

Nous allons, disaient-ils « à regret », à l'é-
miettement, au gachis, à l'écrasement. Qui
nous y mène ? les divisions et les luttes entre
Républicains, luttes et divisions résultant des
intrigues des groupes et des ambitions personnelles. Le scandale de ces honteuses compromissions, de ces convoitises inavouables, de ces
complots de ruelle abaisse et avilit les mœurs

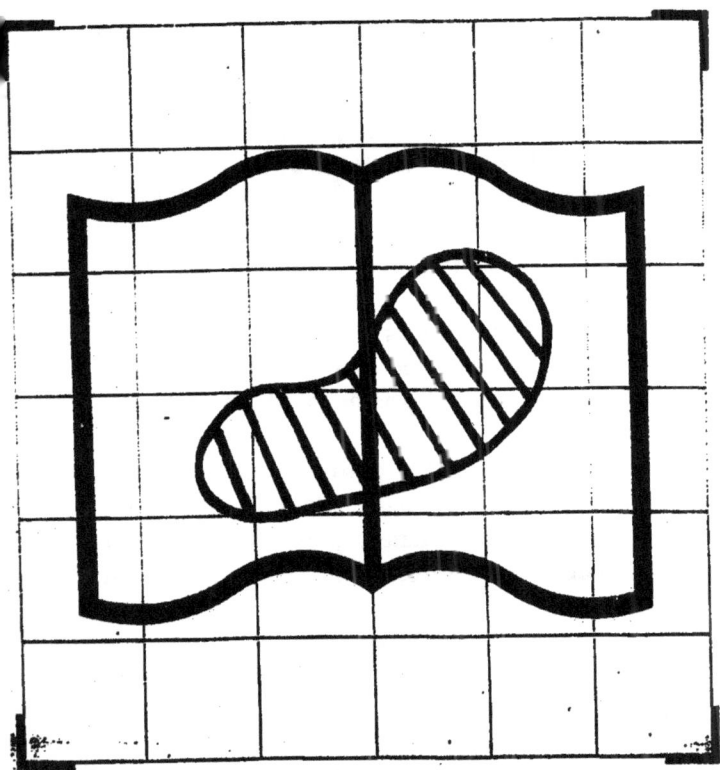

publiques. Comment remédier à pareil état?
Aucun Ministère homogène, c'est-à-dire formé
de Républicains de même nuance, n'est viable;
or, un Ministère de concentration exige l'accord,
et l'union des Républicains est une chimère
dont il faut faire notre deuil. On parle d'une
dissolution? Il n'y a aucune chance qu'une
chambre nouvelle fasse disparaître les difficultés!

Et, plus tard, étudiant « les causes et les
conditions qui, chez les peuples libres, ont
rendu possibles les dictatures », un des collaborateurs de M. Naquet, après avoir établi que
celles-ci n'ont jamais réussi que « lorsque les
pouvoirs civils étaient divisés, sans force, sans
énergie. sans vertu », constate qu'à cette
heure, nous en sommes là!

Eh! oui, nous en sommes là et le pays qui le
voit, qui le sent, est pris de lassitude et de découragement!

Jamais peut-être un gouvernement ne ren-
contra autant que celui d'aujourd'hui, un
concours de circonstances plus favorables pour
s'attacher irrévocablement la confiance du
pays.

Quand, au 4 septembre 1870, la République
ramassa le pouvoir abandonné, la France était
plus encore abattue que battue; la décision du
nouveau gouvernement lui rendit la confiance;
il s'attacha sa reconnaissance en ravivant son
patriotisme. La Commune de 1871 a été, sous
certains rapports, un bien pour le gouvernement Républicain, en lui fournissant l'occasion
de prouver aux gens d'ordre — qui en doutaient
un peu — qu'il savait réprimer l'insurrection

— 11 —

et punir les émeutiers. Il n'est pas jusqu'aux
difficultés que les partisans des autres régimes
ont créées à la République qui n'aient tourné à
son avantage; et, après le 16 mai 1877, il semblait qu'elle n'eût plus rien à redouter de ses
adversaires !

Mais voici que, dix ans après, le président
de la République prend conseil des chefs de ces
derniers ; voici qu'un ministère Républicain,
dans lequel les vainqueurs du 16 mai sont en
majorité, en est réduit à acheter, par des concessions, les voix et l'appui des vaincus.

Si ce n'est point pour ceux-ci une justification,
c'est au moins une revanche inattendue !

M'objectera-t-on, comme circonstance at-
ténuante, que la situation est la conséquence de
la présence à la Chambre d'une opposition
trop forte pour que l'on ne compte pas avec elle ?
Et qui donc l'a envoyée cette opposition, sinon
le corps électoral qui, au 4 octobre 1885, com-
mençait à ressentir déjà la lassitude qui, depuis lors, n'a fait que s'accroître ?

Faut-il donc, vraiment, envisager comme
possible la chûte de ce gouvernement qui semblait si fort, si assuré de vivre ? Je ne suis pas
prophète et ne saurais répondre à cette question
qu'aujourd'hui beaucoup de gens se posent.

Ce qui paraît certain, c'est qu'il est aujour-
d'hui impossible à un ministère de gouverner
et de durer sans l'appui des droites qui sont
ainsi les arbitres de la situation.

Et, qu'on y réfléchisse, si les droites sont
assez habiles pour tirer de cette situation tout
le parti qu'elles peuvent, si elles savent donner
au gouvernement la stabilité, au pays la tran-

quillité, si elles réussissent à dresser un budget sans impôts nouveaux — ce dont la gauche s'est avouée incapable — assurément le pays leur en tiendra compte et, aux prochaines élections, leur prouvera sa reconnaissance.

Il est donc très évident que la République est malade et pour la sauver, il faut étudier son mal.

Quelle est sa maladie ?

Il n'est personne qui ne concède que théoriquement, dans son essence et dans ses principes, la République est la forme de gouvernement la plus parfaite, la plus conforme à l'idéal que l'homme se fait de l'organisation sociale. Mais c'est, vraisemblablement, parce que la théorie est si parfaite que la mise en pratique est si difficile.

Platon, qui était un sage et qui n'a pas écrit pour les besoins de ma cause, a prophétisé avec une netteté frappante, il y a plus de deux mille ans, ce qui arrive présentement à la démocratie française.

Dans sa **République**, il pose un principe et il démontre que le gouvernement démocratique ne peut vivre que par la vertu. Dans une autocratie, il existe une vertu factice faite de l'autorité du Souverain et de la crainte des sujets ; tandis que la démocratie n'a de vertu que celle qu'elle sait s'imposer à elle-même.

Mais qu'entend Platon par ce mot de **vertu** ?

C'est, d'abord, l'**Intelligence**, qui permet de distinguer le bien, qui donne l'énergie de le vouloir et qui fait qu'on proportionne les moyens au but qu'on se propose. Il est très vrai que la sottise et l'ignorance conduisent les hommes à la misère et les gouvernements à la ruine.

C'est ensuite, le **Patriotisme**, qui réside dans le désintéressement personnel et dans le dévouement aux grands intérêts de la famille Nationale.

C'est encore la **Tempérance**, qui est l'empire qu'on exerce sur ses passions et qui fait que la raison seule préside aux actes.

En préservant des emportements, des exagérations, des mesures extrêmes ou précipitées, cette vertu maintient les citoyens et l'État dans de justes bornes, leur fait éviter les abus de la liberté, qui font la licence, comme les abus de la puissance, qui font la démagogie.

C'est enfin la **Justice** qui consiste dans le respect et la sauvegarde des droits de tous et de chacun ; qui fait que, dans la confection des lois comme dans leur application, toute passion est écartée pour ne laisser de place qu'à la modération et à la tolérance, sans lesquelles il n'y a pas plus de fraternité sociale que de liberté et d'égalité.

Et Platon expose que si les lois sont faites par des ignorants, par des hommes plus préoccupés de leurs intérêts que de ceux de la Patrie, les magistrats qui les appliquent sont les premiers à s'en affranchir, qu'il en résulte que les citoyens n'ont plus ni respect pour la loi, ni confiance dans les tribunaux ou dans les agents du pouvoir. La licence s'introduit dans l'État et promptement elle dégénère en une anarchie qui appelle et prépare une dictature despotique.

La démonstration me paraît irréfutable et, si la conclusion s'impose, l'application qu'on en doit faire à notre République saute aux yeux.

Gambetta a, d'un mot cinglant comme les lanières d'une Garcette, fixé le niveau intellectuel des députés Républicains qui formaient la chambre précédente. C'étaient pour lui des « sous-vétérinaires ». S'il vivait encore, il est probable que, pour qualifier les membres de la chambre actuelle, le mot de « palefreniers » lui viendrait, sinon aux lèvres, au moins sur le bout de la langue.

Le désintéressement de nos gouvernants est encore au dessous de leur clairvoyance. On a vu plus haut ce qu'en pense et ce qu'en dit M. Naquet. S'il est écœuré des convoitises honteuses qui se produisent dans le Parlement, quel sentiment de dégoût n'éprouverait-il pas en présence des tripotages auxquels, dans nos provinces, se livrent les politiciens ! Capter la confiance de leurs concitoyens pour subtiliser ou pour garder un mandat public dont ils trafiquent à leur profit, ou tout au moins au profit de leurs créatures, voilà tout leur patriotisme !

La tempérance ? N'est-ce pas la vertu qui manque le plus encore aux représentants du parti républicain ? Les divisions, les haines, les violences, les convoitises qui nous ont valu tant de crises ministérielles n'en sont pas les plus graves indices L'audace des démagogues est le fruit de l'intempérance parlementaire. ı

Quant à la justice, elle vaut ce que valent les législateurs, ce que valent les lois qu'ils bâclent. Les magistrats les interprètent à leur guise et sans uniformité; leurs arrêts sont discutés, discrédités ; aucun pouvoir n'est respecté, et si l'anarchie n'est pas encore dans l'Etat, elle est déjà dans les esprits.

Notre démocratie manque évidemment de **vertu**, de ces éléments de vitalité sans lesquelles il n'y a pas de République durable.

Ceux qui le nient sont, encore selon l'expression de Platon, « de mauvais échansons qui veulent enivrer le peuple pour le plus aisément mener » ; ce sont là les vrais ennemis de la démocratie, de même — ajoute-t-il — que ses amis véritables seront ses conseillers les plus sévères.

Pour conseiller la démocratie française, il faut une autorité que je n'ai pas ; mais peut-être ma voix sera-t-elle assez forte pour être entendue dans le cercle restreint des vrais démocrates de ce département des Côtes-du-Nord.

Qu'ils aient la loyauté de me lire et ils finiront par être d'avis que c'est dans l'absence des vertus nécessaires à une démocratie qu'il faut chercher les causes générales du dépérissement du parti républicain et de l'impopularité croissante de ses chefs, que ces causes morbides sont dans notre région, dans ce département surtout plus intenses que partout ailleurs.

Il faut avoir, comme moi, vu à l'œuvre et vu de près les membres de la coterie dirigeante que j'attaque pour comprendre jusqu'où chez eux peuvent aller l'incapacité, l'ignorance, la vanité, l'égoïsme, l'intolérance, l'intempérance, le mépris de la justice et le dédain des intérêts publics !

Qu'on ne se récrie pas ; dans les **Lettres** que suivront celle-ci, on se convaincra que je n'exagère rien que j'adoucis plutôt ; et c'est par les actes, par les écrits de chacun d'eux que j'accuserai **et nommerai,** que j'établirai l'accusation.

Que si l'on me crie que j'ai concouru au mal que je signale ; je répondrai que c'est une raison de plus pour que je fasse mon possible pour y trouver un remède et en conjurer les suites.

« Tout bon citoyen, a dit un sage, doit aux autres le fruit de ses méditations. » Tant pis pour ceux auxquels les miennes ne plairont pas ; ils n'auront qu'à ne point les lire.

Quant à ceux qui, d'après ce préambule, daigneront m'accorder leur attention, je m'efforcerai de mériter leur confiance et je leur dis : à bientôt.

E. LE NORDEZ.

COUPS DE GARCETTE

LETTRES
SUR LA SITUATION DU PARTI RÉPUBLICAIN
DANS LES COTES-DU-NORD

PAR

E. LE NORDEZ

2ⁿᵉ LETTRE

EDITEUR : PETITET-COUVREUX, rué des Jacobins
A POITIERS

AVIS

Les **Lettres** de M. E. LE NORDEZ seront au nombre de douze et paraîtront, non pas périodiquement, mais successivement et à peu de jours d'intervalle.

Leur pagination étant suivie, elles pourront former un petit volume de deux cents pages.

Les personnes qui désireraient souscrire pour recevoir ces **12 Lettres** par abonnement, et les libraires qui en voudraient recevoir en dépôt peuvent s'adresser soit à l'Editeur, M. PETITET-COUVREUX, à Poitiers, soit à Mme COURTÈS, à Saint-Quay-Portrieux (Côtes du-Nord).

Le montant de la souscription est de **3 fr.** et chaque exemplaire est vendu **15** centimes.

2me LETTRE

25 Juin 1887.

FIDÉLES LECTEURS,

Ces **Lettres**, n'étant pas des numéros de journal, ne se prêtent point à des polémiques. Je laisse donc—au moins provisoirement—sans réponse les appréciations que la première a pu susciter. La démonstration que je poursuis une fois close, je verrai à discuter les objections sérieuses, à peser les critiques loyales, à publier les rectifications autorisées ; je dédaigne le reste.

J'ai dit que, dans les Côtes-du-Nord, le gouvernement de la République est plus déconsidéré que dans aucun autre. C'est un fait qui saute aux yeux.

Ce département n'est représenté au Sénat et dans la chambre des Députés que par d'intransigeants adversaires du Gouvernement républicain.

Les partisans de ce gouvernement sont, au Conseil général, en minorité plus encore par l'insuffisance que par le nombre et, dans aucun des Conseils d'arrondissement, leur action ne se fait sentir.

Y a-t-il seulement un cinquième des conseils

— 18 —

municipaux qui leur ait confié l'administration communale? Je ne le crois pas et, dans les communes où la municipalité est en leurs mains, ils sont condamnés à l'impuissance politique.

Ici leur ignorance des affaires est si complète que le mieux est qu'ils ne fassent rien ! Là, ils ont acheté leur mandat par une prodigalité de si folles promesses qu'ils s'avouent incapables d'en tenir aucune

Là même où ils pourraient tenter de réaliser quelques uns des points les plus essentiels du programme de leur parti, ils ne l'osent pas.

J'affirme qu'il n'y a pas un seul de nos soi-disant Conseils municipaux républicains qu ose essayer de faire passer dans la pratique les théories des moins radicaux de ses membres !

Combien de fois, par exemple, n'ai-je pas entendu M. le Préfet Cleifiie s'irriter et se plaindre de la résistance qu'il rencontrait, de la part de **ses meilleurs Conseils**, dans la laïcisation des écoles, qui lui tenait tant à cœur ! « Dans mon cabinet, me disait-il, chacun des membres de ces Conseils réclame cette laïcisation ; une fois réunis pour en décider officiellement, ils la repoussent. »

Je me souviens, à ce sujet, d'une plaisante aventure arrivée à M. Riou, le maire de Guingamp.

En janvier 1884, un journal de Paris, **Le Voltaire**, envoya un de ses rédacteurs inspecter notre région et étudier la situation du parti Républicain Muni d'un passe-partout ministériel, il fut reçu et piloté par le préfet et les sous-préfets qui, pour lui faciliter l'accomplissement de sa mission, le présentèrent à

tous leurs amis. On se souvient peut-être de la
volée de bois-vert qu'il administra aux chefs du
parti républicain des Côtes-du-Nord ; mais, des
rares éloges qu'il distribua, le plus grand fut
pour M. Riou qui, dans l'intimité d'un dîner sous-
préfectoral, s'était posé en partisan radical de
la laïcisation du personnel enseignant. Quand
la chose parut, imprimée par le **Voltaire**, ce fut
un **tolle** général dans Guingamp et je reçus
dare-dare une épître dans laquelle le Maire de
cette ville protestait, avec indignation, contre
les projets subversifs et les idées révolutionnai-
res que lui prêtait mensongèrement le follicu -
laire Parisien !

Aussi de quoi se mêlent-ils ces journalistes ?

Tenez, tout dernièrement, la **France**, de
Paris, se voulant mêler des affaires municipales
de Saint-Brieuc, prenait à parti le très conciliant M. Francisque Guyon, de la façon la plus
injuste. Le qualifiant de « clérical avéré » et de
« marchand de paroissiens », on lui faisait un
crime d'avoir voulu donner « un témoignage
éclatant de sympathie au clergé » en lui accor-
dant des sergents de ville pour la police des
Eglises et des Chapelles !

Je ne comprends ni ne partage l'indignation
du correspondant de la **France**.

Pour M. Guyon, vendre des paroissiens est
du commerce de librairie, donner au clergé des
témoignages éclatants de sympathie est du commerce électoral.

Dans certains centres, à Paris par exemple,
rien ne vaut, pour se faire élire, une bonne profession de foi intransigeante ; en Bretagne, au
contraire, il faut faire du « cléricalisme ». Là

on joue l'insurrection, ici on joue la religion !
A la roulette politique, il importe peu, pourvu
que l'on gagne, que ce soit par la rouge ou par
la noire ; et je ne vois pas que, pour mettre quel-
quefois sur celle-ci, M. Francisque Guyon soit
un plus avéré clérical que la plupart des républicains de son clan.

Ces gens-là ont apporté à la méthode de
Gambetta un.... perfectionnement que son
inventeur ne soupçonnait pas. Son opportu-
nisme lui faisait tenir le cléricalisme comme
l'ennemi ? Quel aveuglement ! S'en faire un
alié est autrement habile, l'exploiter plus
« opportun » que le combattre !

Au fond, nos **opportunistes**, aussi scep-
tiques en politique qu'en religion, se fichent
également des dogmes de celle-ci et des principes de celle-là !

Que de fois n'ai-je pas entendu le *bon* M.
Pradal — on comprend que je veux parler du
Maire — « blaguer » les prêtres et les dévôts
en des termes aussi distingués que son esprit !
Mais 'cela ne l'empêche pas d'assister pieusement aux cérémonies religieuses qu'il tient pour
des « momeries ridicules »; d'y lire à l'Evêque
les homélies rédigées par « son frère François »,
discours onctueux qui partent moins du cœur
que du nez; d'illuminer sa Mairie pour la procession nocturne du 31 mai, sans l'autorisation
légale de Messieurs les conseillers municipaux,
mais avec la certitude de répondre à leurs sentiments opportunistes !

L'exemple vient d'en haut; dans le reste du
département, Maires et Conseils républicains
suivent celui qu'on leur donne au chef-lieu.

Ainsi, pour rien au monde, notre brave et honnête maire de St-Quay-Portrieux ne manquerait de suivre toutes les processions, l'écharpe au flanc, bien qu'il aime à faire profession de foi de libre-pensée avec ses amis politiques. L'un d'eux — qui ne|veut pas comprendre qu'il est avec la libre-pensée, autant qu'avec le ciel, des accommodements — déclarait l'autre jour « illégale » cette participation officielle d'un Maire à une manifestation religieuse. Son intolérance l'induisait doublement en erreur; la loi ne l'interdit pas et l'intérêt électoral le conseille !

Que l'on me comprenne bien. Il est loin de ma pensée de blâmer les actes publics de religion ; la manifestation d'une conviction sincère est chose sacrée et toujours respectable. Mais lorsque dans ces actes, on ne peut voir qu'une exploitation de la foi et de la bonne foi d'autrui, c'est de l'hypocrisie démoralisante.

Que quelques « fidèles » laissent leur confiance se prendre à cet appât, on n'en peut douter; les membres du clergé ont tout droit de rire de ces baisers-Lamourette et ne s'y font pas prendre; mais la conclusion que comportent les faits que je constate — sans, d'ailleurs, les juger — n'est pas faite pour ennorgueillir le parti républicain. Si les conseils municipaux et les maires élus sous son patronage agissent de la sorte, c'est qu'ils ont conscience de ce que leurs victoires ont de précaire. S'ils font ce que, dans le Parlement, fait le ministère actuel, comme lui, ils y sont forcés. Pour conserver le peu de postes électifs d'où la réaction ne les a pas encore évincés, pour se ménager des chances

personnelles de réélection, ils sont condamnés
à des concessions qui deviennent des abjurations
et qui font d'eux les prisonniers de leurs adversaires. Qu'ils agissent comme républicains et en
républicains et leur complète défaite est certaine!

Peut-on exiger une preuve plus écrasante,
un plus accablant aveu de l'impuissance du
parti républicain dans ce département ?

Et maintenant, quelles sont les causes directes, locales, de cette situation?

Ceux qui ont intérêt à ce que les **vraies**
causes demeurent ignorées en font valoir qui
n'ont qu'une vérité et une valeur apparentes.

Ils veulent expliquer la force croissante de la
réaction dans ce département par le caractère et
l'ignorance des habitants qui, à les entendre,
seraient naturellement rétifs à tout élan vers le
progrès et la liberté, incapables de l'activité
civique qui fait le patriotisme. Et puis, ils accu-
sent l'intervention puissante du clergé; ils invo-
quent la grande situation territoriale, financière
maritime, commerciale de leurs adversaires qui
tiendraient ainsi dans une dépendance électorale absolue les fermiers, les marins, les ouvriers !

Un tel langage est un outrage à nos populations et il reçoit, des faits de l'histoire, un démenti formel. Mais, comme il se peut que, par
ignorance, je l'aie moi-même autrefois tenu,
j'ai le devoir de me rétracter et de confondre
ceux qui le prétendent autorisé.

J'ai récemment étudié, avec autant de soin
que d'intérêt, l'histoire de la Bretagne et j'ai
ainsi acquis la conviction que, non-seulement

les bretons sont « aptes à la liberté », mais que
peu de nos provinces ont, autant que la leur,
donné à la patrie française, un concours fécond
et dévoué dans le développement de sa grandeur, de son indépendance et de sa prospérité !
Et, en en recueillant les preuves dans les his-
toriens réactionnaires, je regrettais qu'un écrivain comme J. Simon n'ait pas fait un beau
livre sur la part qui revient à la Bretagne dans
la préparation de la grande œuvre libérale de
1789 ; sur le beau rôle que ses représentants de
tout ordre surent remplir, grâce à leur fermeté
et à leur modération, dans les grandes choses
comme dans les crises qui suivirent, sur le patriotisme de ses populations pendant les guerres
de l'Empire ! Pour une aussi séduisante étude,
je n'ai ni la science ni l'autorité suffisante et,—
bien que je sente tout ce qu'il aurait ici d'ins-
tructif et de concluant,— je n'essaierai pas non
plus de faire le récit des luttes politiques des
Bretons sous la Restauration. Mais je ne résiste
pas à la tentation de m'arrêter un peu au règne
de Louis-Philippe pour dire de quel libéralisme
très radical le département des Côtes-du-
Nord se montrait alors animé.

Les procès-verbaux des sessions du Conseil
général n'offrent pas, à ce point de vue, moins
d'intérêt que sa composition.

Diantre ! on n'y faisait pas la cour au clergé!
Qu'on en juge.

Saisi de la question, aujourd'hui brûlante,
de la laïcisation de l'enseignement, le Conseil
général de 1831 déclare qu'il y a incompatibilité
entre les fonctions d'instituteur primaire et les
engagements particuliers qui lient entre eux et

leurs chefs les membres des congrégations religieuses !

Plus tard, les conseillers généraux des Côtes-du-Nord se prononcent pour l'abrogation du Concordat, l'organisation du clergé ne leur paraissant pas en harmonie avec les besoins et les principes de la France moderne !

Pendant plusieurs années, l'Assemblée départementale réclame l'interdiction des quêtes ecclésiastiques. Elle y voit — je cite textuellement — un abus criant, un impôt arbitraire qui vient dîmer surtout les populations des campagnes, une plaie de ce pays, un trafic scandaleux dont les prêtres devraient rougir ! Et, pour y mettre un terme, elle invite le Préfet à sévir et même à solliciter du gouvernement l'autorisation de priver d'une année de traitement les membres du clergé qui feront ou toléreront des quêtes !

Ces citations suffisent à ma déduction.

Dans ce temps là, le clergé avait pour le moins autant d'influence qu'aujourd'hui et, vraisemblablement, plus de facilités pour l'exercer. Elle ne lui suffisait pas, nonobstant, pour faire entrer, dans le Conseil général, une majorité favorable à ses intérêts.

Quels moyens a-t-il donc maintenant de mieux diriger le corps électoral ?

Non, pas plus aujourd'hui que sous la Monarchie, nos populations ne se laissent mener par les prêtres ; leurs sentiments religieux ne les font point esclaves. Ce qui doit être vrai, c'est que les mesquines chicanes que l'on a, depuis dix ans, cherchées au clergé ont irrité la loyauté naturelle de ces populations. Elles

eussent probablement approuvé des décisions
franches, comme l'abrogation du Concordat;
mais elles ont réprouvé les moyens détournés et
hypocrites dont les républicains ont usé pour se
soustraire au contrat qui lie l'État au clergé.
Les Français, en général, mais tout particulièrement les Bretons sont ainsi faits qu'ils prennent toujours la défense du persécuté contre
le persécuteur.

Ce qui dégoûte les électeurs bretons des républicains qui vivent au milieu d'eux, ce qui révolte
leur instinctive droiture, ce sont précisément
les hypocrisies dont je parle plus haut. Très
certainement ils préféreraient un radicalisme non
déguisé aux compromissions dont on leur donne
l'écœurant spectacle et les plus dévots d'entre
eux estiment moins ces faux amis de la religion
que ses ennemis déclarés.

L'influence actuelle du clergé est donc bien
réellement le résultat de l'aveugle politique des
républicains.

Celle des prétendues « classes dirigeantes »
est due à des causes identiques.

Avant le suffrage universel, le cens électoral
plaçait précisément dans les mains de ces classes la représentation nationale à tous les degrés.
Les majorités libérales et radicalement progres-
sives qu'elles envoyaient siéger dans les assemblées, au Conseil général entre autres, disent
déjà qu'elles n'étaient pas inféodées à l'esprit
rétrograde. Mais, parmi les membres les plus
avancés de ce Conseil, se trouvaient de gros
propriétaires, de riches négociants, de puis-
sants armateurs qui, conséquemment, au lieu
d'être les adversaires nés des principes égalitai-

res de la révolution, s'en montraient les partisans convaincus, les défenseurs énergiques, les propagateurs éclairés.

Et puisqu'aujourd'hui on prétend que les propriétaires, les négociants, les armateurs disposent des voix et de l'opinion des masses, je suis autorisé à penser que, à l'époque dont je parle, celles-ci suivaient de même leur impulsion, partageaient leurs sentiments et, à leur école, apprenaient l'amour et la pratique de la liberté.

Si les Bretons sont lents à prendre une résolution, un **parti**; ils ont la réputation d'y tenir ensuite avec entêtement.

Étant venus à la liberté, ils ont dû, pour s'en détourner, avoir de graves raisons.

Un écrivain de ce pays a dit qu'avec le breton « on réussit par la franchise et on échoue par la ruse ». Autant, en effet, il accorde entière sa confiance à ceux qu'il en croit dignes, autant sa méfiance est irréconciliable et son mépris profond quand on l'a trompé.

Eh! bien; la vérité est que nos populations ont été trompées: trompées d'abord dans les espérances que leur donnait la République elle-même; trompées ensuite et surtout par les républicains auxquels, sans arrière-pensée comme sans réserve, elles avaient accordé leur confiance.

Je n'ai point à faire l'histoire et le procès de la République de 1848; il est depuis longtemps établi que ce sont ses fautes qui l'ont conduite à sa ruine et que si le coup d'Etat de 1852 a pu être tenté et a réussi, c'est que l'imprévoyance et l'incurie du Parlement avaient lassé, troublé et inquiété le pays.

Mais il est un fait bien frappant et des plus probants dans mon argumentation. Le département des Côtes du-Nord est un des premiers qui, avec Paris, reprirent possession d'eux-mêmes et opposèrent le droit à la force, en envoyant siéger au corps législatif des ennemis irréconciliables de l'Empire.

De 1833 à 1848, l'arrondissement de Loudéac avait été représenté à la Chambre des Députés par M. Glais-Bizoin.

« Bien que jusqu'alors il appartint à la gauche dynastique plutôt qu'à la démocratie pure, — nous dit un de ses apologistes — il se rallia franchement et sans réserve à la République, en 1848, parce qu'avant tout il appartenait à la cause du progrès et de la liberté. Il vota le plus ordinairement avec la gauche modérée et combattit vigoureusement la réaction. Après l'élection de Louis-Napoléon comme président de la République, Glais-Bizoin fut un des membres de l'Assemblée qui lui firent la plus vive opposition. Il se tint à l'écart pendant toute la première période de l'Empire ; mais, en 1863, il consentit à rentrer dans la lutte et fut élu de nouveau, par son département, député au corps législatif. Comme membre de la gauche, il ne cessa de combattre la politique du gouvernement et de revendiquer les libertés ravies à la France.' »

Tout cela est vrai et rien n'en doit être contesté.

C'est bien comme républicain que, en 1863, Mr Glais-Bizoin fut élu député dans le département des Côtes-du-Nord.

Cela prouve, de la façon la plus éloquente et la plus incontestable, que nos populations sont, non pas seulement libérales, mais assez énergiques et assez indépendantes pour braver ceux qui prétendent les asservir et les « mener ».

On sait comment, sous l'Empire, fonctionnait la candidature officielle, les manœuvres et les violences au moyen desquelles on terrorisait le suffrage universel. Jusqu'en 1869, la France presque toute entière se laissa ainsi museler. Seuls cinq ou six départements surent s'affranchir et celui des Côtes-du-Nord est du nombre ! Qu'on vienne dire encore que les électeurs bretons n'apprécient point la liberté et sont à la merci des « classes dirigeantes ! »

Mais si M Glais-Bizoin me fournit cette preuve, j'ai, d'autre part, le regret de trouver en lui le premier et principal auteur de la « réaction » qui, depuis une vingtaine d'années, a lentement mais constamment affaibli le parti libéral dans ce département.

Lorsqu'on porte une aussi grave accusation sur un homme comme celui-là, on a le devoir de le justifier pleinement.

C'est ce que je ferai dans ma prochaine **Lettre**.

E. LE NORDEZ.

ERRATUM

~~~~~~~~~~~~~~~

Une faute typographique a dénaturé et embrouillé le sens de l'un des derniers paragraphes de ma **1re Lettre** ; il doit être ainsi rétabli :

Qu'on ne se récrie pas ; dans les **Lettres** qui suivront celles-ci, on se convaincra que je n'exagère rien, que j'adoucis plutôt ; et c'est par les actes, par les écrits de chacun de ceux que j'accuserai et **nommerai**, que j'établirai l'accusation.

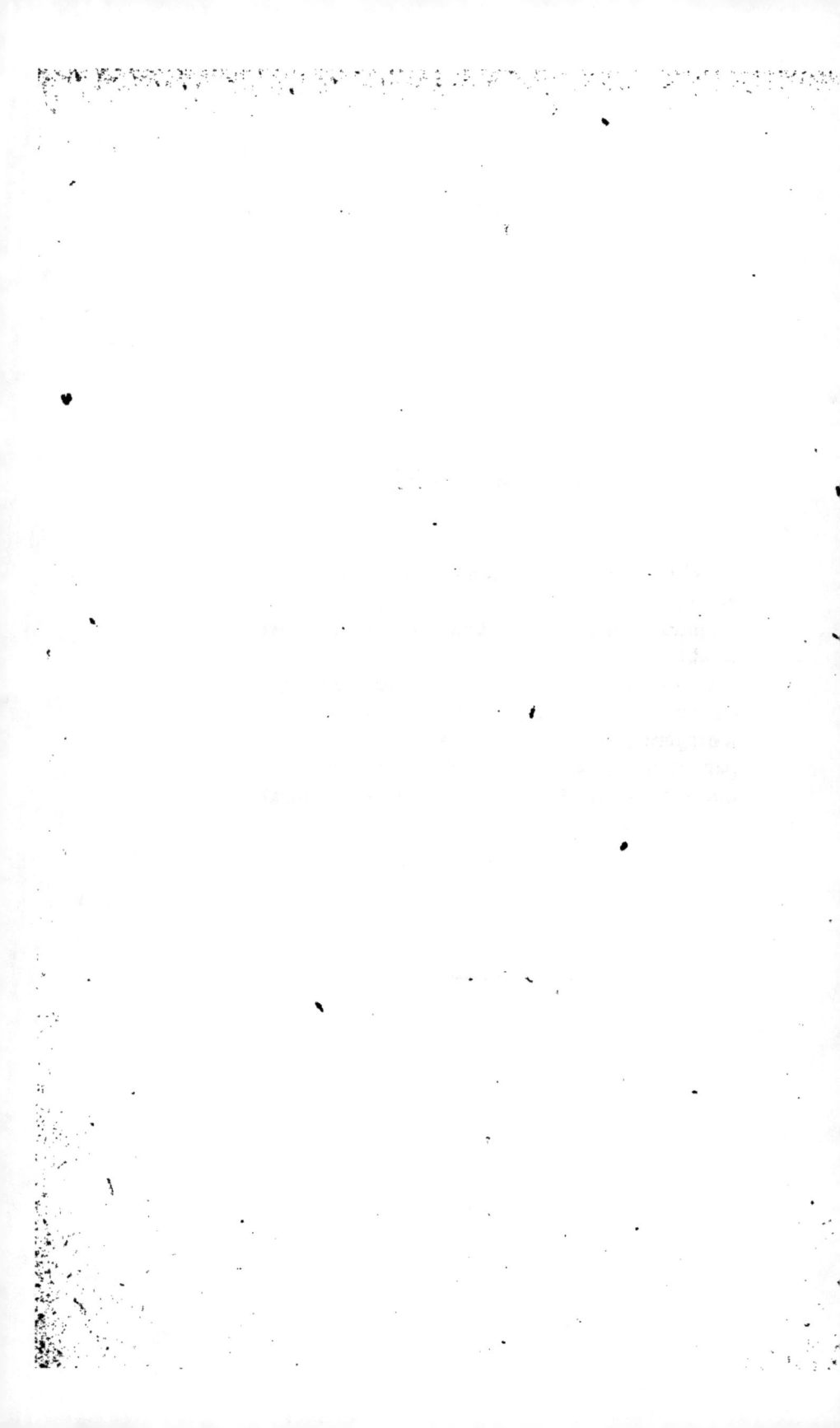

COUPS DE GARCETTE

LETTRES
SUR LA SITUATION DU PARTI RÉPUBLICAIN
DANS LES COTES-DU-NORD

PAR

E. LE NORDEZ

3ᵐᵉ LETTRE

EDITEUR : PETITET-COUVREUX, rue des Jacobins

A POITIERS

AVIS

Les **Lettres** *de* M. E. LE NORDEZ *seront au nombre de* **douze** *et paraîtront, non pas périodiquement, mais successivement et à peu de jours d'intervalle.*

Leur pagination étant suivie, elles pourront former un petit volume de deux cents pages.

Les personnes qui désireraient souscrire pour recevoir ces **12 Lettres** *par abonnement, et les libraires qui en voudraient recevoir en dépôt peuvent s'adresser soit à l'Editeur,* M. PETITET-COUVREUX, *à Poitiers, soit à* Mme COURTÈS, à *Saint-Quay-Portrieux (Côtes du-Nord).*

Le montant de la souscription est de **3** fr. *et chaque exemplaire est vendu* **15** *centimes.*

3ᵐᵉ LETTRE

1ᵉʳ Juillet 1887.

PERSÉVÉRANTS LECTEURS,

Le but que je me suis proposé en publiant ces **Lettres** ne serait point du tout atteint si je restais dans les généralités : il me faut en venir nécessairement aux personnalités.

Pour donner mon opinion sur celle de M. Glais-Bizoin, dont les meneurs actuels du parti Républicain sont les élèves, je manque d'autorité, n'ayant eu avec lui que quelques heures de relations directes.

A la vérité, elles lui avaient suffi pour m'initier à ses procédés électoraux. Je me souviens surtout de ce qu'il me dit sur l'attitude qu'il avait « su prendre vis-à-vis des sentiments religieux des populations de ce pays ».

« On n'attrape pas les mouches avec du vinaigre. Nos bretons sont dévots pour la plupart ; il faut flatter et non heurter leurs sentiments. Pour moi, je hurle avec les loups et je prends une peau de mouton pour amadouer bergers et troupeau, prêtres et fidèles. »

Et de fait, il paraît bien qu'il mettait ses théories en pratique. Ses intimes racontaient volontiers, à ce sujet, « d'édifiantes histoires ». Dans certaine élection, ses adversaires le

combattaient en le présentant comme un impie.
Pour les confondre, il fait coïncider sa tournée
électorale avec la tournée épiscopale, suit le
même itinéraire que l'Evêque, s'arrange pour
assister à ses entrées solennelles dans les pa-
roisses et pour recevoir, pieusement agenouillé
au premier rang, la sainte bénédiction du pré-
lat. Dans une autre occasion, il avait distribué
à profusion des chapelets, des scapulaires et
des médailles ! J'en passe et je constate que ces
« farces » ne réussirent guère à M. Glais-
Bizoin.

En effet, aux élections de 1869, alors qu'il
se produisait dans toute la France un mouve-
ment d'émancipation, le département des Côtes-
du-Nord parut reculer. M. Glais-Bizoin fut battu
par le candidat officiel.

En dépit de la sympathie que devait lui gagner, parmi nos patriotiques populations, sa
participation à la défense nationale, il fut de
nouveau battu en 1871.

Son impopularité apparut alors si manifeste
et si complète que ses plus vieux amis compri-
rent qu'il était grand temps de lui enlever la
direction du parti Républicain si l'on voulait
sauver celui-ci de la ruine.

Ils ont eux-mêmes raconté, dans un document rendu public, les efforts qu'ils firent dans
ce sens et les mobiles de leur conduite. J'en
vais citer textuellement les principaux passages.

Il faut que la vérité soit connue.

Incontestablement, il y a, dans les Côtes-du-Nord, les
éléments d'un parti Républicain, mais il leur manque,
la cohésion, l'entente, l'organisation. Réunis dans la
main d'un seul homme, M. Glais-Bizoin, ces éléments

ont été jusqu'à présent pour lui une force personnelle et électorale, mais ils n'ont pas la vie propre qui constitue un parti.

M. Glais-Bizoin a *représenté* ces éléments et il a cru que cela suffisait. Pas un Comité n'existe ; pas un lien n'a été établi par lui entre les citoyens dévoués à la cause dont on l'a fait ici le porte-drapeau. Que M. Glais-Bizoin disparaisse et les Républicains de ce département se trouveront comme des membres séparés et dissiminés, sans aucune puissance, sans autonomie, sans moyens d'action,

Cette appréciation du rôle politique de M. Glais-Bizoin me paraît de tout point fondée et elle prend une autorité toute particulière quand on connaît le nom, le caractère et le passé des hommes qui l'ont portée. Pour lasser l'ingénuité d'un M. Besnier, la serviabilité d'un M. Meunier, l'intégrité d'un M. G. Lemoine et l'insouciance d'un M. Boulé, il avait fallu que M. Glais-Bizoin abusât étrangement de la confiance des membres du parti Républicain !

Gardant malgré tout un culte pour lui, ses censeurs imaginèrent de le conserver comme « chef honoraire » ; mais, à la pensée de décheoir, il se révolta et, dans son irritation, il accusa ses amis de trahison, son parti d'ingratitude.

Une rupture eut lieu ; les dissidents la justifient ainsi dans le document déjà cité :

M. Glais-Bizoin montra clairement à tous que sa personnalité resterait un obstacle à l'union des membres du parti Républicain des Côtes-du-Nord. Celui-ci ne peut vouloir d'idole ; M. Glais-Bizoin l'a été et le rôle lui en plaît.

A bas l'idole !

Ce cri rallia un grand nombre de citoyens qui firent des fonds pour la création d'un « journal impersonnel ». On lui donna le titre de **Bretagne Républicaine** et, en en acceptant la rédaction, je m'imposai pour programme et pour tâche, l'union, la concentration des forces Républicaines de ce département.

Cette histoire rétrospective est, on le verra, d'un intérêt plein d'actualité et, si je ne m'y reportais pas, il me serait impossible d'indiquer les causes de la situation présente.

Une circonstance imprévue se présenta qui pouvait rendre immédiates et faciles l'organisation et l'union du parti Républicain.

Par suite du décès de l'un des représentants du département à l'Assemblée Nationale, les électeurs furent convoqués pour le 11 février 1872.

Parmi les candidats se trouvait M. Le Gal La Salle. Il se dit « libéral » ; il l'était, mais, au moins alors, n'était pas plus. Avec autant d'habileté que de loyauté il refusa de faire une profession de foi Républicaine. Honnête homme, il ne voulait tromper personne ; esprit perspicace, il sentait bien que la République participait à l'impopularité de ses partisans, dans le département.

Les directeurs et les amis de la **Bretagne Républicaine** refusèrent leur appui à cette candidature. D'aucuns, n'attribuant les insuccès récents de leur cause qu'à la déconsidération publique de M. Glais-Bizoin, croyaient encore à la force électorale de leur parti. D'autres, moins optimistes, jugeaient qu'il fallait avant tout profiter de la lutte électorale pour connaître la véritable situation de ce parti, compter ses membres et recueillir ainsi les éléments d'une sérieuse organisation.

Ils comptaient tous sans l'intervention de
M. Glais-Bizoin.

Celui-ci prit bruyamment sous son patronage
la candidature de M Le Gal La Salle. Ce n'est
pas qu'il souhaitât son triomphe, car il redoutait surtout de voir son piedestal d'idole occupé
par un autre ; mais, quelque fût le résultat
du scrutin. il en tirerait avantage. En cas d'é-
chec du candidat libéral, il rejetterait le triomphe des réactionnaires sur les Républicains
qui s'étaient séparés de lui ; mais en cas de succès, il pourrait l'attribuer à son influence et
c'est ce qui arriva.

L'élection de M. Le Gal La Salle fournit, toutefois, la preuve que le département n'était pas
encore, à ce moment, aux mains de la réaction
et que le drapeau de la liberté ralliait toujours
la grande majorité des électeurs. En rappro-
chant la situation d'alors de celle d'aujourd'hui,
on peut mesurer tout le terrain gagné par la
réaction.

Cette élection, au lieu d'amener l'union, ag-
grava donc la division entre les Républicains.
Des récriminations partaient des deux camps et
les hostilités pouvaient engendrer d'irréconciliables haines. Je fus le premier à conseiller leur
suspension.

La **Bretagne Républicaine** cessa sa
publication et je quittai St-Brieuc, en assurant
ceux dont j'avais conservé la confiance que je
reprendrais volontiers avec eux l'œuvre interrompue, lorsque le temps aurait débarrassé le
chemin où nous voulions marcher « de l'obstacle des intrigues personnelles ».

Je passerai rapidement sur les faits qui sui-

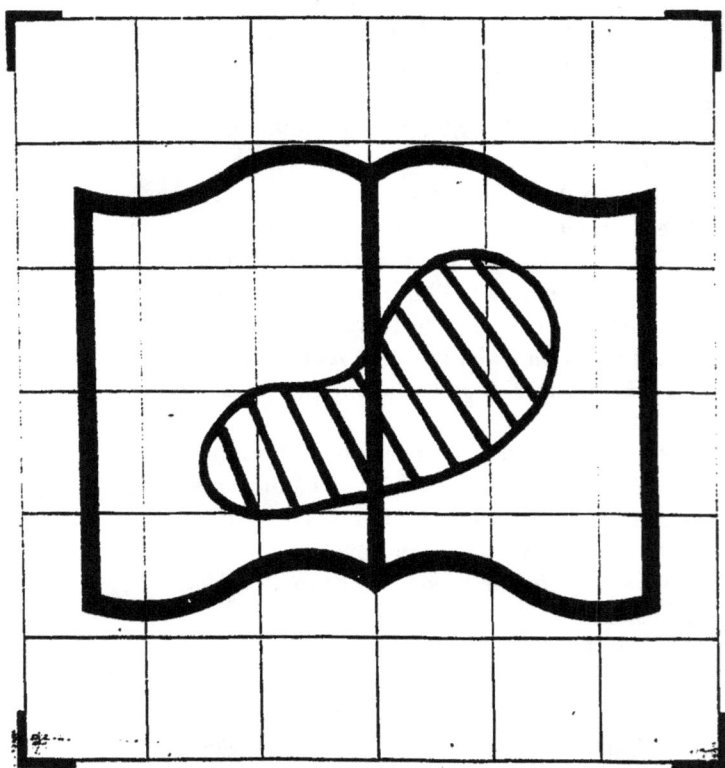

virent, ne les connaissant que par ce qui m'en
a été rapporté.

Il n'est pas douteux que, bien loin de prendre fin, les « intrigues personnelles » eurent
plus libre cours que jamais.

Les dissidents donnèrent, cependant, un
grand exemple d'abnégation ; tous firent
amende honorable à M. Glais-Bizoin. Quelques-
uns crurent devoir en sacrifice d'amour propre
à l'intérêt de leur parti ; sans rien oublier de
leurs ressentiments, mais ajournant leurs espérances, ils rentrèrent dans le rang. Les autres
mirent peut être à leur retour trop d'ardeur,
pas assez de dignité ; ils relevèrent « l'idole »
un instant reniée, redevinrent ses plus dévots
serviteurs et prirent de nouveau, pour parole
d'évangile, le journal qui chantait ses louanges
et recevait ses ordres.

Tout autre que M. Glais-Bizoin eût su profiter de cette réconciliation, de cette heure d'appaisement pour donner au parti républicain
l'union, l'organisation et la discipline qui lui
manquaient. En le faisant, il eût racheté ses
fautes passées et donné à sa longue carrière
politique la plus honorable fin.

Il ne le comprit pas.

Dans la soumission de ceux qu'il appelait des
« révoltés », il vit l'aveu et la preuve que, dans
son parti, on ne pouvait rien sans lui, à plus
forte raison rien contre lui. Néanmoins, tout
en se tenant plus que jamais pour « l'homme
nécessaire », il ne pouvait se dissimuler que sa
popularité et son autorité avaient considérable-
ment baissé ; il ne se sentait plus l'envie d'affronter de nouveau l'épreuve d'un scrutin. Mais

quand, en faisant sonner haut son « abnégation »; il renonça aux candidatures, il préten-
dit en devenir le grand dispensateur ; « ne pouvant plus être marmite, dit de lui Gambetta,
il se fait couvercle ».

Ce fut alors, parmi ses courtisans, à qui se
montrerait le plus soumis, le plus câlin pour
gagner les bonnes grâces et attirer les faveurs
du « vieux ».

Sans avoir la moindre illusion sur le dévouement de son entourage, Glais-Bizoin en jouissait
et habilement l'entretenait en donnant à chacun
des espérances ; comme un vieil oncle à héri-
tage qui, pour être mieux soigné, tour à tour
fait des promesses et les retire.

Aux élections législatives de 1876, il fit choisir comme candidats MM. Armez et Huon.

J'ai connu ce dernier et l'ai jugé de mince
valeur; quant au premier, il « promettait » et
avait les moyens de tenir.

Tous deux furent élus et leur succès rendit
aux Républicains du département une confiance
salutaire :

A la vérité, leur parti était en droit de fonder de grandes espérances sur les deux nouveaux
députés et il eût été facile à ceux-ci d'y répondre.

Malheureusement, ils avaient été trop longtemps à l'école de M. Glais-Bizoin. Et, tout
en ayant la prétention de ne pas suivre ses erre-
ments, de corriger sa méthode, de réformer
son système d'éducation politique et de réagir
contre les fâcheux résultats qu'il donnait, ils ne
firent qu'en exagérer les vices, qu'en pousser à
l'excès les abus. Manquant absolument de cer-

taines qualités qu'on ne pouvait lui refuser :
l'esprit, la fermeté, le patriotisme, l'habileté, — ils avaient tous ses défauts, et d'autres en plus.

Ni M. Armez ni M. Huon ne surent, dans le
Parlement, marquer leur place. Dans le département, leur action fut nulle et, dans leurs
collèges électoraux, elle ne se traduisit que par
des intrigues ayant pour but d'assurer leur
réelection.

M. Huon est mort et, malgré les efforts qu'il
faisait pour se grandir, il a été si peu remarqué
qu'il me suffit de l'avoir indiqué comme « figurant » dans la comédie dont je rends compte.
Aussi bien aurai-je à ne m'occuper de ses « continuateurs » dans l'arrondissement de Guingamp
et, par les élèves, on jugera du « sous-maitre ».

Il en est autrement de M. Armez. Il vit, lui,
et il s'est fait remarquer comme « premier
rôle ». Il tient dans le parti Républicain des
Côtes-du-Nord une place prépondérante et il
a exercé — il exerce encore, — sur ses actes
connue sur ses destinées, une action dont beaucoup le félicitent, mais que plus d'un juge néfaste. De partager l'avis de ces derniers, j'ai des
raisons sérieuses. Mes relations avec M. Armez
ont plus de dix ans de date et, pour avoir été
très intermittentes et peu « faciles », elles ne
m'en ont pas moins laissé des souvenirs et des
documents du plus haut intérêt, autant pour ses
amis que pour ses adversaires.

Dès le lendemain des élections de 1876,
quelques républicains sérieux et désintéressés,
jugeant l'heure favorable pour donner enfin
à leur parti l'autonomie, l'union, la vie

entretinrent M. Armez des moyens qui
leur paraissaient propres à atteindre ce but.
A mon, insu, ils parlèrent de reprendre la publication de la **Bretagne Républicaine**
et de faire appel à mon concours. Ce projet, je
dus le croire, fut approuvé de M. Armez et de ses
amis, car des ouvertures me furent faites. J'y
répondis par un refus que je motivai sur l'opposition que me feraient certaines personnalités
que je nommai.

La vérité est que j'avais, dans la presse parisienne, une trop excellente situation pour la
changer contre n'importe quelle autre.

Mais il paraît que ceux dont j'avais invoqué
l'hostilité s'en défendirent énergiquement devant mes amis et ils offrirent de déléguer auprès
de moi l'un des leurs pour me donner l'assurance
de leur entière confiance.

C'est ainsi que, certain jour, je reçus, à la
rédaction du *Moniteur Universel*, la visite
d'un Monsieur qui me dit se nommer : Charles
Pradal. Les souvenirs que ce nom me rappelait
m'invitaient à une prudente réserve et la physionomie du visiteur n'était pas faite pour dissiper
ma méfiance. Sa parole mielleuse, son langage
coupé de continuelles réticences, ses lèvres tom-
bantes et mouillées, son regard terne et sans
fixité, son affectation à paraître humble et franc,
la gêne de ses mouvements, l'air embarassé de
sa personne et jusqu'à la viscosité de la main
qu'il me tendait, tout en cet homme m'inspirait
de la répulsion.

Il venait, me dit-il, me donner l'assurance
que la façon dont j'avais, en 1872, compris et
pratiqué le programme d'union et de concentra-

tion des libéraux des Côtes-du-Nord n'était pas
oublié et que, si je consentais à reprendre l'œuvre interrompue, je trouverais le concours de
tous sans aucune opposition.

— Au nom de qui faites-vous cette démarche,
Monsieur ? demandai-je.

— En mon nom, d'abord; au nom de notre
député M. Armez ensuite et enfin au nom de
tous nos amis.

— Eh! bien, répondis-je, dites à « mes amis
de 1872 » que mon concours leur est acquis.

Cette réponse troubla mon interlocuteur et sa
face couperosée blêmit. Il prit congé de moi,
avec une gaucherie qui trahissait son embarras,
et m'assura que, très certainement, si on faisait
quelque chose, ce serait à moi qu'on s'adresse-
rait. (Textuel).

Je n'ai jamais su comment cet entretien fut
rapporté par M. Pradal; peu de temps après, je
reçus, de quelqu'un qui ne se nommait pas, un
pli renfermant la lettre que voici :

Chambre des Députés.

Versailles, le 10 Novembre 1876.

Mon cher Monsieur.

Tout le monde est d'accord sur la nécessité d'un organe républicain sérieux dans les Côtes-du-Nord. Tout
le monde reconnaît que Le Nonlez est un malin; mais
nos amis ne veulent de lui à aucun prix..... Je suis
personnellement dans une situation très délicate. Le
Progrès (de B zoin) a soutenu ma candidature; je ne
puis décemment contribuer à lui créer un concurrent
Si le *Progrès* était complètement tombé, je recouvre-
rais ma liberté d'action; mais, quoique très malade, le
Progrès ne veut pas mourir.

Je crois, du reste, que l'on met la charrue avant les

bœufs. Pour un journal il faut de l'argent. Ayez d'abord un capital· et vous trouverez toujours un rédacteur.

Votre tout dévoué.

L. ARMEZ.

Cette lettre est, à plus d'un point de vue, très intéressante.

Elle établit, d'abord, que c'est avec le concours du **Progrès** et le patronnage de M. Glais-Bizoin que M. Armez avait été élu député. Or, en souhaitant la mort du **Progrès**, M. Armez paraît bien un peu désirer la disparition de celui qui le fait vivre ; en affirmant la nécessité d'un organe républicain et sérieux, il dit assez qu'il tient le **Progrès** pour n'être ni l'un ni l'autre et, cependant, il ne veut pas concourir à la fondation d'un nouveau journal, parce qu'il a un intérêt personnel à ne pas créer une concurrence au journal de M. Bizoin. Enfin, il informe poliement et loyalement ses amis de ne pas trop compter sur lui pour la formation du capital nécessaire à cette fondation.

Pour ce qui me concerne, la lettre de M. Armez me fournit la preuve que les flatteries et les protestations de M. Pradal n'étaient que mensonges et que les deux compères avaient voulu se jouer de leurs amis plus encore que de moi.

Jusqu'en 1880, je n'entendis plus parler de rien et, ayant quitté le journalisme, je ne songeais pas du tout à y revenir, surtout en Bretagne.

Or, voici qu'un jour, M. Armez se présente chez moi.

M. Glais-Bizoin était mort et, — bien que le

Progrès persistât à n'en pas vouloir faire
autant, — M. Armez croyait pouvoir prendre
alors « décemment » l'initiative de la fondation
d'un nouveau journal. Et il venait, « sur les
instances pressantes de tous ses amis », demander pour cela mon concours! Un instant
j'eus la pensée de sortir de mon tiroir sa lettre
de 1876, qu'on a vue plus haut, et de la lui lire
en guise de réponse. Mais, me souvenant qu'il
m'y qualifiait de « malin », je voulus l'être
avec lui.

« La grosse difficulté, dans la fondation d'un
« journal, est toujours, — lui répondis-je —, la
« question d'argent ; mais elle est évidemment
« résolue, du moment où c'est vous qui prenez
« l'initiative de l'entreprise. »

J'avais touché plus juste que je ne le pensais.
Je ne revis point M. Armez ; mais, le 20 mai
1882, je reçus de lui une lettre par laquelle il
me priait de voir M. le Baron de Janzé et de
tâcher de l'amener à contribuer à la fondation
du journal. Le passage suivant de cette lettre
doit être ici reproduit :

Faites remarquer à Mr de Janzé que le succès de
l'affaire dépend de lui. Comme il est de beaucoup le
plus riche des républicains du département, il *importe*
que son nom figure en tête avec une grosse souscription, *au moins dix mille francs.*

Je n'étais pas assez naïf pour accepter le rôle
que M. Armez trouvait « malin » de me faire
jouer et je priai ceux qui me l'avaient adressé
de l'inviter à s'abstenir désormais de me mêler
à ses affaires ; ce qu'il fit, je n'en doute pas,
de très grand cœur.

Un hasard plutôt qu'un caprice m'amena

à Portrieux-St-Quay au printemps de 1883. C'est alors seulement que j'appris la fondation d'ailleurs récente du **Patriote** par les soins et sous l'inspiration de MM. Armez, Pradal et Compagnie.

J'entre ici dans une nouvelle phase des intrigues de la « coterie ». Avant de dire comment et pourquoi je pris, au mois de novembre de la même année, la direction du nouveau journal, je crois devoir donner quelques « informations » sur la façon dont il avait été fondé.

Il y a là certains détails qui donneront à ma prochaine **Lettre**, à défaut d'autre intérêt, un piquant attrait d'actualité.

E. LE NORDEZ.

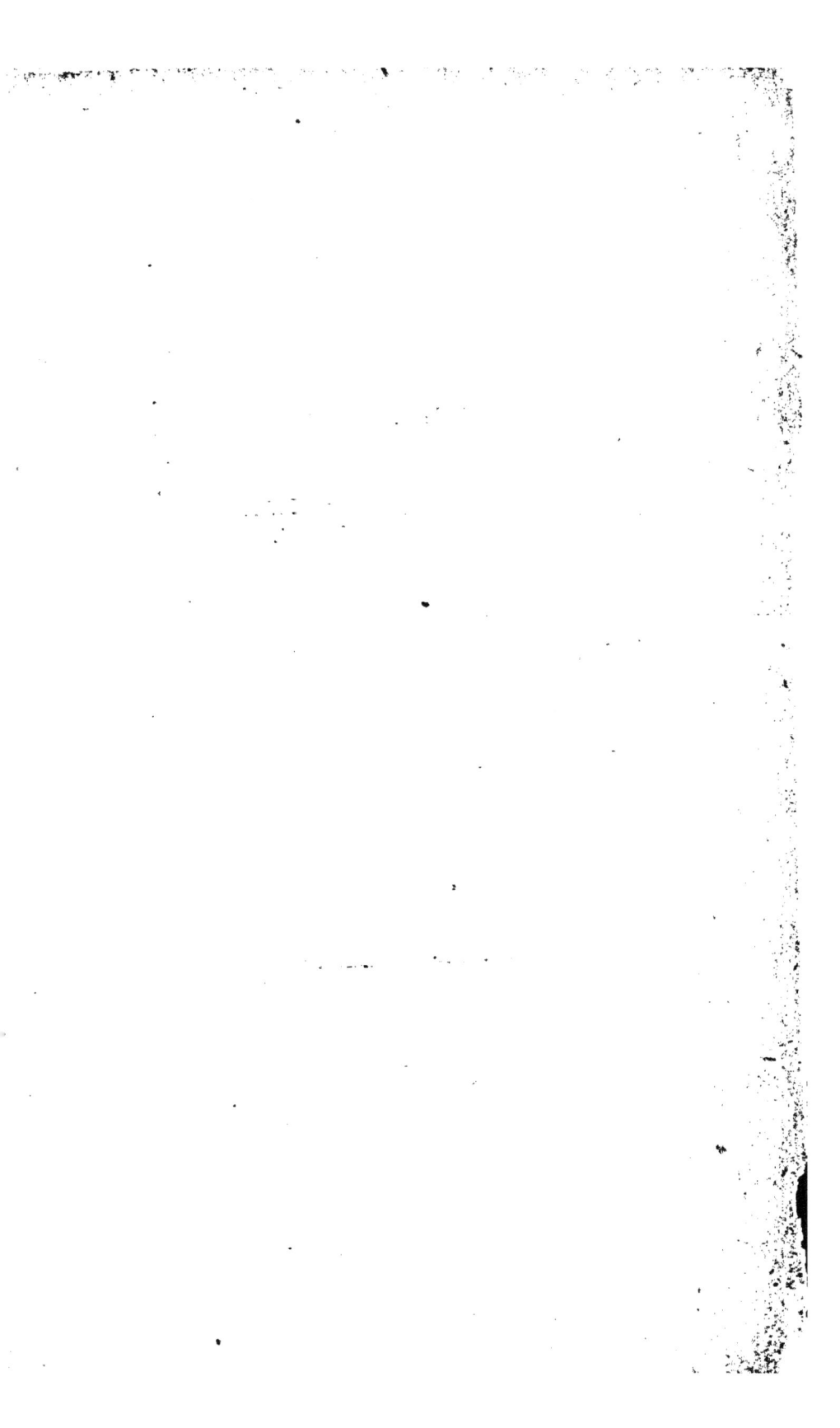

COUPS DE GARCETTE

LETTRES
SUR LA SITUATION DU PARTI RÉPUBLICAIN

DANS LES COTES-DU-NORD

PAR

E. LE NORDEZ

4ᵐᵉ LETTRE

EDITEUR : PETITET-COUVREUX, rue des Jacobins

A POITIERS

AVIS

Les **Lettres** *de M. E. Le Nordez seront
au nombre de* **douze** *et paraitront, non pas
périodiquement, mais successivement et à
peu de jours d'intervalle.*

*Leur pagination étant suivie, elles pour-
ront former un petit volume de deux cents
pages.*

*Les personnes qui désireraient souscrire
pour recevoir ces* **12 Lettres** *par abonnement, et les libraires qui en voudraient recevoir
en dépôt peuvent s'adresser soit à l'Editeur,
M.* Petitet-Couvreux, *à Poitiers, soit à
M*me Courtès, *à Saint-Quay-Portrieux (Côtes
du-Nord).*

*Le montant de la souscription est de
3 fr. et chaque exemplaire est vendu* **15** *centimes.*

4ᵐᵉ LETTRE

8 Juillet 1887.

CHERS LECTEURS

Votre nombre augmentant à chacune de mes
Lettres, je peux, sans vanité, penser quelles
ont pour vous quelqu'intérêt ; je me tromperais
fort s'il n'allait pas en grandissant à mesure
que mes « personnages » entrent en scène et
que l'action se déroule.

Quand, au mois de mai 1883 j'arrivai au
Portrieux, on était en pleine période électorale
pour le renouvellement d'une partie des conseillers généraux. Dans le canton d'Etables,
le candidat conservateur avait pour concurrent, M. Besnier, qui résumait ses divers
titres dans celui de « président du Comité central républicain des Côtes-du-Nord. »

Entre « les chefs du parti républicain, » celui-ci tient une place à part et, puisque l'on
doit la vérité surtout à ses amis, à qui la di-
rais-je, sinon à lui ?

En politique, on peut être son adversaire ;
comme homme, on ne peut le connaître sans
lui accorder une facile sympathie qu'attire et que
justifie son imperturbable « ingénuité ». Il ne
faudrait pas prendre ce mot là dans le sens
d'étroitesse d'esprit ou de cœur ; tout au contraire.

M. Besnier est le meilleur des hommes ; il a

le cœur sur la main, mais, il donne peut-être
cette main à trop de gens.

C'est aussi un esprit ouvert ; trop ouvert
même, car des idées souvent opposées y entrent
sans se gêner et les illusions l'ont à ce point
envahi que l'expérience y trouve difficilement
asile.

Je ne lui sais d'autres défauts que ceux qui
naissent de l'exagération de ses qualités. S'en-
flammant sans examen pour tout ce qu'on lui
dit généreux et vrai ; se rangeant toujours à
l'avis de celui qui.... pérore et se grisant plus
encore de son propre enthousiasme que de celui
d'autrui, il ne se trompe et il ne trompe que
parcequ'il se laisse tromper.

Il accepterait tout — il l'a souvent prouvé —
plutôt que la pensée de trahir ses principes
ou ses amitiés ; mais parfois, — par entraine-
ment et inconsciemment, il lui arrive de fausser
ceux-là et de faillir à celles-ci. C'est ainsi
que je l'ai toujours trouvé parmi mes amis
dévoués, mais que plus d'un de mes détracteurs en peut dire autant. Sa tolérance
va jusqu'à la compromission ; mais sa thèse
favorite est qu'il faut « imposer la liberté par la
force » !

Toute de sentiment — je devrais dire de
sensation, tant elle subit l'impression du moment — sa « politique » est, comme les discours dont on le sait prodigue, convaincue
mais un peu incohérente.

Des hommes de ce tempérament ne sau-
raient exercer d'action autour d'eux ; ils su-
bissent l'impulsion des autres et n'en impri-
ment pas.

Depuis sa « première jeunesse, » M. A. Besnier n'a pas cessé d'être un des bons soldats de l'armée républicaine ; pourtant, il n'a de grades que ceux que confère l'ancienneté.

Je crois faire ainsi le plus bel éloge de sa droiture et de son désintéressement ; avec un peu d'ambition et d'intrigue, il eût certainement été député avant M. Armez et membre de la Légion d'honneur avant M. Charles Pradal.

Mais s'il n'a point les honneurs, il n'a pas non plus les responsabilités. Aussi, étant forcé de le ranger parmi les membres de la « coterie » j'ai hâte de dire que je le regarde comme leur dupe et point comme leur complice.

Il me le montra bien, en 1883, lorsque, me faisant une visite au cours de ses tournées électorales, il me dit de quelle curieuse façon le **Patriote** avait été fondé.

« Victime du 2 Décembre », M. Besnier avait été navré de voir la rédaction du nouvel organe républicain confiée à un des ex-rédacteurs du journal bonapartiste du département ; mais il n'y voyait « qu'un mauvais choix, » un « acte irréfléchi ». Et quand je lui demandais comment ceux qui, avec lui, avaient concouru de leur argent à la fondation de ce journal avaient pu ratifier ce choix, il me répondait, sans voir ni plus haut, ni plus bas, ni plus loin, que « M. Armez avait pris des engagements avec ce rédacteur avant de chercher et de réunir des souscriptions. »

On avouera que, pour croire « irréfléchis » de tels agissements, il faut réellement beaucoup d'ingénuité ! Ils me parurent, à moi, très réfléchis, au contraire, et d'une habileté consommée. Je me gardai bien de troubler la conscience de

M. Besnier en lui communiquant mes soupçons.

Mais aujourd'hui, dans ces **Lettres**, je ne suis pas tenu à la même discrétion, d'autant que, depuis 1883, plus d'un fait et plus d'un document sont venus confirmer et éclairer mon opinion sur ce premier point.

Les Républicains qui à la perspicacité joignent un peu de mémoire, se souviendront que, lors des élections de 1881, il avait été question, dans les conciliabules des chefs du parti, d'une alliance avec les bonapartistes. Des pourparlers avaient été engagés avec M. le duc de Feltre traitant au nom de ces derniers, et je ne crois pas me tromper en affirmant que le traité eût été signé sans la malencontreuse intervention et l'intransigeante opposition de M. Peigné, directeur de l'**Union Libérale** de Dinan. On lui en a gardé rancune, ce dont il se rit ; mais, sans tarder, on se préoccupa de préparer une revanche.

Le projet de traité n'a pas été un instant abandonné ; les engagements pris virtuellement par M. le duc de Feltre, d'une part, et M. Armez, de l'autre, ont été maintenus et le **Patriote** a été, sinon fondé, au moins organisé en vue d'en assurer la réalisation pour les élections de 1885.

Pour en donner la preuve, j'anticiperai un peu sur l'ordre chronologique des faits.

En juillet 1834, j'avais été amené à engager avec l'**Armorique**, une polémique courtoise mais ferme, dans le **Patriote**.

Je reçus alors de M. Armez une lettre contenant ceci :

... Je crois que nous devons agir de façon à ne pas rendre une alliance impossible dans le cas où

nous la jugerions profitable. Mon avis serait de ne
rien dire du Duc de Feltre dans le *Patriote*. Vous
devez remarquer que l'*Armorique*, de son côté,
n'attaque jamais aucun député Républicain du département ; elle reste dans les généralités. Nous
pouvons faire de même.

Quant aux autres sénateurs et députés réactionnaires du département, je serais d'avis de commencer contre eux une campagne sérieuse.

Je me permis de trouver que, au lendemain du
concours donné par l'**Armorique** à M. L. Le
Provost de Launay dans l'élection de Tréguier,
il était difficile aux Républicains de traiter les
bonapartistes et leur organe en alliés.

Cela n'empêchait pas M. Armez de revenir à
la charge deux mois plus tard et d'écrire :

J'ai rencontré hier le Duc de Feltre qui me cherchait et qui a mis la conversation sur l'*alliance*. Il
est évident qu'il la désire. *Il n'y a rien de définiti-
vement conclu.* Le Duc croit au succès avec notre
alliance puisqu'il vient de notre côté. Il est évident
qu'une fois son parti pris, il se jettera à corps perdu
dans la lutte, car rien ne lui serait plus désagréable
qu'un échec. Il demande qu'on lui réserve un siège
sur quatre pour le Sénat et trois sièges sur neuf
pour la députation. Cela me paraît très raisonnable,
car il demandait 4 sièges en 1881.

Et lors de mes démêlés avec le Préfet
M. Cavé-Esgaris, M. Armez, me suppliant de
« faire patte de velours », espérait m'y amener
en me disant :

Le Duc de *Feltre* m'a dit qu'il serrait le Préfet,
s'il s'apercevait que celui-ci ne nous est pas dévoué,
il serait à craindre qu'il nous lâche. Nous sommes
au moment psychologique; on ne saurait *manœuvrer* avec trop de prudence.

Ces citations, n'ont d'autre but que de bien établir que M. Armez n'a pas cessé de « manœuvrer »,— le mot est de lui,— en vue de réaliser l'alliance avec les bonapartistes pour les élections de 1885.

Je n'ai pas ici à apprécier cette alliance en elle-même. Personnellement, je suis l'irréconciliable adversaire du bonapartisme ; et ma conviction est qu'en s'associant à ses partisans, les autres partis, monarchistes aussi bien que Républicains, ne peuvent que se compromettre et démoraliser le suffrage universel.

Mais j'accepte très bien qu'on soit d'un avis contraire et je regarde comme absolu le droit d'un parti à disposer de lui-même, à régler ses actes sur ses intérêts, à contracter telles alliances qu'il juge utiles et dignes.

Si, alors que je rédigeais le **Patriote**, le parti dont il était l'organe avait conclu le traité préparé, je me serais incliné, me réservant de prendre des résolutions conformes à mes propres sentiments. Je m'en étais, d'ailleurs, nettement expliqué avec les intéressés, dont je n'avais alors ni à servir ni à entraver les desseins.

Je ne reproche donc — en aucune façon — à M. Armez et à ses conseillers intimes d'avoir désiré une alliance avec les bonapartistes, pas même d'avoir entamé des négociations en vue de la préparer.

Je demande seulement si le parti Républicain désirait cette alliance et s'il avait donné à M. Armez mandat et pouvoirs pour la conclure ?

La réponse a été faite.

Ni aux élections sénatoriales du 25 janvier 1885, ni aux élections législatives du 4 octobre de la même année, les Républicains des Côtes-du-Nord n'ont voulu de cette alliance ; et c'est avec un sentiment unanime de réprobation que, dans leurs réunions, ils en ont repoussé la motion, à la vérité introduite assez subrepticement.

Les lettres que je viens de citer établissent bien que, en ouvrant des négociations avec M. le Duc de Feltre, M. Armez agissait sans mandat. Mais on pourrait croire et dire que, tout en ayant le tort de préjuger des intentions de son parti et de l'engager, à son insu, dans une affaire aussi grave, il ne songeait certainement pas à disposer de lui sans lui, moins encore à l'engager malgré lui, à lui « forcer la main. »

Malheureusement pour M. Armez, la façon dont il a « manœuvré » lors de la fondation du **Patriote** ne permet pas d'accepter cette justification.

On se souvient que, en 1876, il reprochait à d'aucuns de ses amis de mettre la charrue avant les bœufs, parce que, projetant la création d'un journal, ils se préoccupaient du choix d'un rédacteur avant de former un capital.

Quelles raisons M. Armez a-t-il bien pu avoir, en 1882, de mettre en si complet oubli son conseil très sage ? Dans quel but, plaçant la charrue avant les bœufs, a-t-il traité avec un rédacteur, avant de former le plus petit capital ? Je dis qu'il **traita**, car il ne se contenta pas de le choisir ; il prit vis à vis de lui des engagements fermes qui, par avance, le faisaient le propriétaire d'une part du journal à fonder, le créancier des futurs souscripteurs et une sorte de collaborateur inamovible!

Le choix de ce rédacteur dit suffisamment à quel calcul M. Armez obéissait.

Je me garderai bien de porter la moindre atteinte à l'honneur de l'écrivain dont il s'agit. Il a été mon collaborateur et il est mort; deux raisons qui, à défaut d'autres, m'imposeraient le plus grand respect.

Mais je n'offenserai en rien ni sa mémoire ni ses amis, soit en rappelant qu'il avait, pendant plusieurs années, collaboré activement à l'**Armorique**, soit en ajoutant que, dans ce poste, son devoir avait été de défendre les bonapartistes et d'attaquer les républicains du département des Côtes-du-Nord.

Qu'un journaliste change d'opinions et qu'il soit amené, par l'enchaînement des évènements et des circonstances, à défendre une cause qu'autrefois il combattait, cela se voit et l'on sait assez quels motifs personnels je puis avoir de n'y point trouver à redire.

Lorsque, pour défendre ses nouvelles opinions, le « converti » choisit un milieu autre que celui où il a soutenu des opinions contraires, sa personnalité seule est exposée à des désagréments, et son ardeur de néophyte peut rendre très fructueuse sa propagande. Il en est tout autrement s'il est condamné à parler devant le même public; et il n'est pas admissible que M. Armez n'ait pas senti tout ce que les antécédents du rédacteur qu'il choisissait susciteraient de défiances parmi les républicains du département; combien ils nuiraient à la considération et, par suite, à l'influence de leur journal; enfin, l'impuissance à laquelle ils condamneraient ce rédacteur même, aussi grand fût son mérite.

Très certainement, M. Armez était convaincu

que s'il soumettait le choix du dit rédacteur à
l'acceptation des citoyens sur le dévouement et
la bourse desquels il comptait pour la fondation
d'un journal, aucun d'eux ne l'approuverait, ne
le ratifierait. Et c'est précisément pour cela
qu'il s'engagea — ou plutôt qu'il engagea
vis-à-vis de ce rédacteur les futurs souscripteurs. Il avait ses raisons pour tenir à
ce que ceux-ci, une fois leurs signatures don-
nées et leur association formée, se trouvas-
sent liés par un fait accompli ; et il ne doutait
pas que, placés dans l'alternative de désavouer
ou de ratifier ce qu'il avait fait, ses amis politiques se soumettraient docilement. C'est, du
reste, ce qui arriva et je tiens de M. Besnier
que lui-même renonça à produire, dans l'assemblée des souscripteurs, la protestation qu'il avait
préparée de concert avec plusieurs de ceux-ci.

Et pour arriver à quelle fin M. Armez mon-
trait-il tant de machiavélisme ? Uniquement
pour rendre « inévitable » l'alliance avec les
bonapartistes, alliance que l'éventualité du
scrutin de liste lui faisait alors regarder comme
absolument nécessaire à sa réélection.

L'entrée d'un rédacteur de l'**Armorique**
au **Patriote** cimentait un accord secret entre
les deux journaux et devait assurer une alliance
entre les deux partis.

Pour la préparer on ne s'attaquerait pas ; on
resterait « dans les généralités »; on n'engagerait
que des polémiques de parade destinées à donner le change au public !

En d'autres termes, on s'entendrait comme
larrons en foire et le corps électoral serait
berné !

Et, qu'on le remarque bien, M. Armez en était

arrivé à trouver tout cela si naturel, si simple,
si moral que. — dans la crainte que je n'eusse
pas suffisamment pénétré son plan, ou que je
ne m'en fusse pas suffisamment pénétré, — il
me l'exposait dans les termes qu'on a vu,
subordonnant à sa réussite toute la politique et
toutes les polémiques du **Patriote** !

Je ne sais quel jugement les républicains qui
me lisent porteront sur ces faits. Moi, je pense
que, dans la démocratie, personne n'a le droit
de substituer sa volonté à celle de la majorité,
que celui qui fait passer ses intérêts personnels
devant l'intérêt général fait un acte répréhen-
sible et que c'est trahir la confiance d'un parti
que de disposer de lui malgré lui et à son insu.

Mais ce n'est là qu'un premier chef d'accusation.

MM. Armez, Pradal frères et Cⁱᵉ sont de ceux
qui pensent qu'on ne prend jamais trop de pré-
cautions.

Ils voulurent et ils surent, dans l'organisation
financière du **Patriote**, s'entourer de garanties
nouvelles contre les résistances éventuelles et
prévues des membres influents du parti répu-
cain.

C'est encore d'une bouche autorisée et bien-
veillante que je reçus les renseignements les
plus précis et les plus instructifs sur cette organisation. On n'en doutera pas quand j'aurai
nommé feu M. Meunier.

Parmi les « têtes » que j'ai à présenter à mes
lecteurs, celle-ci se distingue par une certaine
originalité et je tiens d'autant plus à en fixer la
physionomie qu'il m'a été donné de la bien
connaître et que, d'autre part, l'oubli qui suit
a mort en aura vite effacé le souvenir, surtout

chez ceux dont M. Meunier prenait pour de
l'amitié les adulations intéressées.

Dans l'éloge funèbre que, sur sa tombe, a
pleurniché M. Pradal, il y a de très regrettables
lacunes.

Il me semble que le devoir de les combler
m'incombe; mais j'éprouve en le voulant remplir, un certain embarras.

Dire du bien de qui nous a fait du mal est
difficile. Dire du mal de qui a pu nous vouloir
du bien est plus délicat encore.

M. Meunier m'a longtemps montré une amitié dont rien ne m'autorisait à suspecter la sincérité. Mais, au **Patriote** — où c'était lui
qui m'avait attiré, — il n'a point eu l'énergie
de protester contre les agissements déloyaux de
ses amis à mon endroit et il s'en est fait ainsi
solidaire.

Ma gratitude et mes ressentiments s'annihi-
lant réciproquement, je crois pouvoir parler de
lui avec équité, d'autant que, d'après mon sentiment, le bien et le mal, dans les actes publics
de M. Meunier, relèvent moins de la volonté
que de l'entraînement, de la réflexion que de
la passivité, de la conscience que du tempérament.

Je ne saurais mieux le comparer qu'à ces
« capitans » du moyen-âge qui, trouvant leur
plaisir à la guerre, recrutaient, équipaient et
entretenaient des « soudoyers » pour se mettre,
en tête de leur « compagnie », — au service
gratuit d'un prince belliqueux et batailler de
franc-cœur, sans se préoccuper du bon droit de
la cause, de la valeur du chef ou seulement de
l'issue de la campagne.

M. Meunier avait, lui, la passion des luttes

électorales, et, pour la satisfaire, il dépensait
sans compter et en faisait tous les frais. Il donnait pour fonder des journaux, donnait pour
les entretenir, donnait pour la propagande,
donnait aux Comités, donnait aux coteries,
donnait aux candidats, donnait à leurs agents,
donnait aux électeurs, donnait à tous, donnait
pour tout, donnait toujours !

D'aucuns ne voyaient, dans cette générosité
exagérée, qu'une ostentation de sa richesse. Ils se
trompaient de sentiment; M. Meunier obéissait
à une autre vanité : celle d'être regardé, dans
son parti, comme le plus dévoué ! Et, pour
qu'on n'eût pas le droit d'en douter, il mettait
pour le moins autant d'affectation à paraître désintéressé qu'à se montrer généreux. Il ne
brigua d'autre honneur que celui de représenter « les gars de Cesson » au Conseil Municipal
de St-Brieuc. Et, quand on l'incitait à viser
plus haut, il répondait que, les joies de la lutte
lui suffisant, il laissait à de plus dignes celles
du triomphe.

Je n'ignore pas que bien des gens attribuaient
cette réserve à d'autres raisons; celles-ci ont
même été dites crûment dans le **Pamphlet**
manuscrit et clandestin qui circula lors des
élections municipales de 1884. Aujourd'hui,
comme alors, je tiens ces dramatiques récits
pour des calomnies plus idiotes qu'odieuses
et que des jalousies basses ont pu seules inven-
ter.

Je mis, certes, plus encore de conviction que
d'empressement à les réduire à néant; mais les
amis politiques de M. Meunier n'étaient-ils pas
et plus autorisés et plus intéressés que moi à
confondre ses détracteurs? Ils avaient un excel-

lent moyen de le faire, c'était de lui offrir — et au besoin de lui imposer — un mandat qui fût à la fois la récompense des services qu'il leur avait rendus et la manifestation de leur confiance en sa parfaite honorabilité.

Un parti qui se respecte sait, tout en n'usant du concours d'un tel homme qu'à bon escient et avec discrétion, lui prouver sa gratitude, ne fût-ce qu'en se portant garant de son honneur.

Tout autrement en ont agi les membres de la coterie.

C'est en flattant M. A. Meunier qu'ils captèrent sa confiance et, non contents de l'exploiter sans vergogne, ils réussirent à faire de lui un factotum docile, un exécuteur aveugle de leurs machinations.

L'organisation financière du **Patriote** m'en fournira une preuve saisissante.

E. LE NORDEZ.

ERRATA

Il est utile de rétablir comme suit le passage suivant de la page 38 de la 3e lettre.

M. Huon est mort et, malgré les efforts qu'il faisait pour se grandir, il a été si peu remarqué qu'il me suffit de l'avoir indiqué comme « figurant » dans la comédie dont je rends compte. Aussi bien aurai-je à m'occuper de ses « continuateurs » dans l'arrondissement de Guingamp et, par les élèves, on jugera du « sous-maître ».

Il en est autrement de M. Armez. Il vit, lui, et il s'est fait remarquer comme « premier rôle ». Il tient dans le parti Républicain des Côtes-du-Nord une place prépondérante et il a exercé — il exerce encore, — sur ses actes comme sur ses destinées, une action dont beaucoup le félicitent, mais que plus d'un juge néfaste.

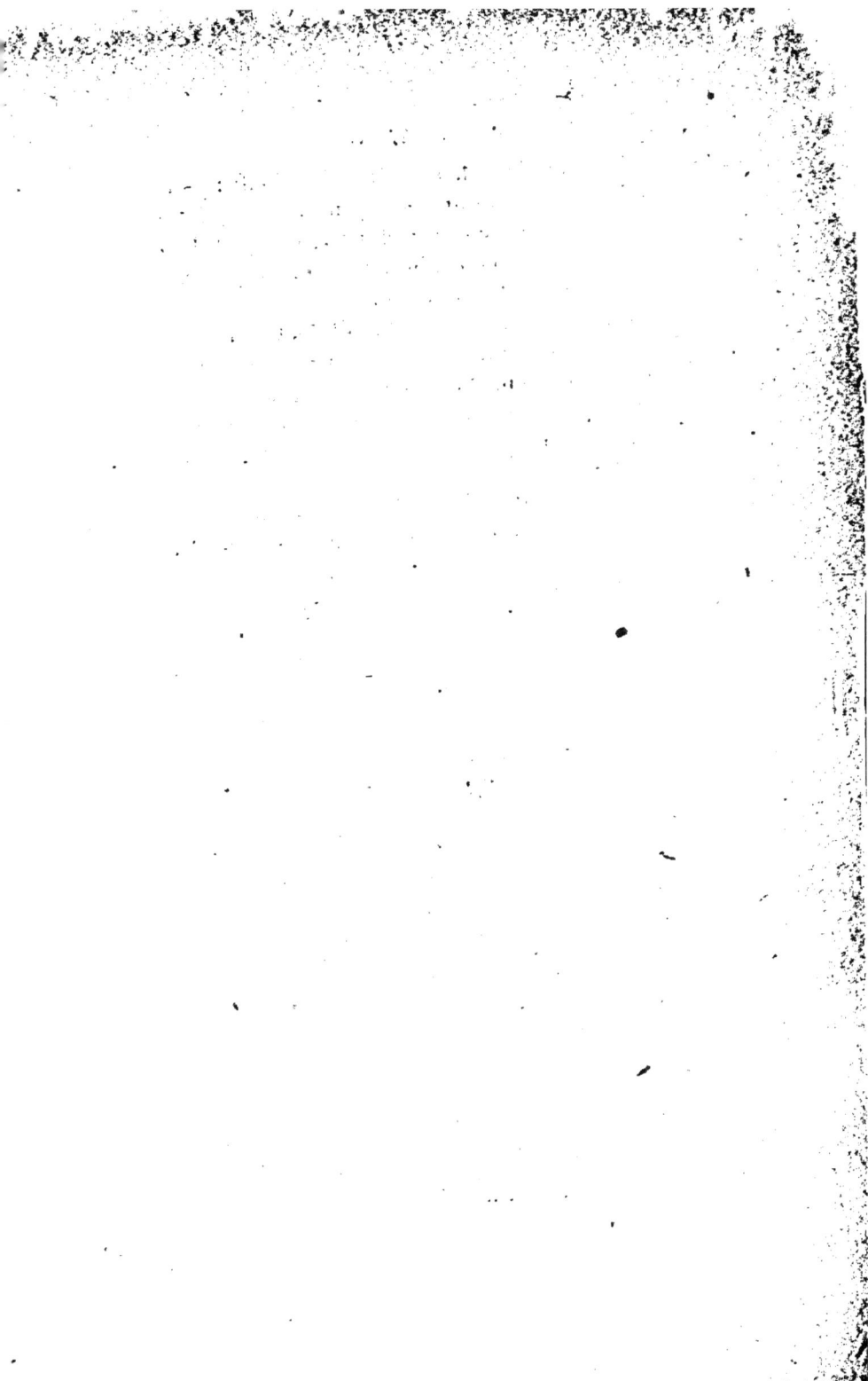

COUPS DE GARCETTE

LETTRES
SUR LA SITUATION DU PARTI RÉPUBLICAIN
DANS LES COTES-DU-NORD

PAR

E. LE NORDEZ

5ᵐᵉ LETTRE

EDITEUR : PETITET-COUVREUX, rue des Jacobins

A POITIERS

AVIS

Les Lettres de M. E. Le Nordez seront au nombre de douze et paraîtront, non pas périodiquement, mais successivement et à peu de jours d'intervalle.

Leur pagination étant suivie, elles pourront former un petit volume de deux cents pages.

Les personnes qui désireraient souscrire pour recevoir ces 12 Lettres par abonnement, et les libraires qui en voudraient recevoir en dépôt peuvent s'adresser soit à l'Editeur, M. PETITET-COUVREUX, à Poitiers, soit à Mme COURTÈS, à Saint-Quay-Portrieux (Côtes-du-Nord).

Le montant de la souscription est de 3 fr. et chaque exemplaire est vendu 15 centimes.

4me LETTRE

15 Juillet 1887.

CHERS LECTEURS,

De même que la tresse d'une garcette est formée de la réunion d'un grand nombre de légers fils, la démonstration dont je prétends fouetter les pseudo-chefs du parti Républicain de ce département doit résulter d'un ensemble de faits multiples dont l'importance n'apparaît pas toujours au premier abord.

Par exemple, on pourra trouver que l'organisation financière du **Patriote**, telle que l'avaient conçue et réalisée MM. Armez, Pradal frères et consorts, n'offre rien à remarquer et conséquement à incriminer.

Des citoyens cossus s'associent pour acquérir un matériel d'imprimerie et offrent de le prêter gracieusement à leurs amis politiques pour la publication d'un journal. Un des plus influents, parmi ces derniers, prend l'initiative d'une souscription dont le produit est destiné à faire face à la fondation et à la publication du dit journal. Une fois par an, on réunira les souscripteurs pour leur dire ce qui a été pris et ce qui reste dans la caisse. Quand il n'y restera plus rien, on avisera.

N'est-ce pas que tout cela apparaît comme une chose simple et normale ?

M. A. Meunier était d'avis que c'était une organisation « excellente » et je l'étonnai beau-

coup quand je me permis de trouver « irrégu-
ière » cette forme d'association. Ce qualifica-
tif était pourtant le plus anodin que je pusse
choisir; on ne va pas tarder à s'en convaincre.

Et, d'abord, quels étaient les acquéreurs du
matériel? Les noms ici ont une signification.

M. Armez n'en était pas; sans doute, il se
réservait.

Naturellement, M. Meunier avait contribué
pour la plus grosse part. « J'étais disposé, me
disait-il, à faire seul toute la somme nécessaire,
mais M. Armez s'y est amicalement opposé ».
Il donna sept mille francs; MM. Ch. Pradal et
Lemasson (de Guingamp) en mirent chacun
trois mille et un certain M. Guillou apporta....
son nom.

On sait déjà que M. Ch. Pradal est le bras
droit de M. Armez et que M. Meunier était son
bras gauche. Comme on ne connaît guère les
deux autres, prenons leur signalement.

Pour donner très exact celui de M. Lemasson,
un seul mot suffit : Hérisson !

De loin, on pourrait le prendre pour une
fouine; il n'en est rien. Dès qu'on l'approche il
se « hérissonne », se replie sur lui-même, se
renfrogne, devient bourru et, par ses airs rébar-
batifs, il éloigne tout le monde sans effrayer
personne

Ce n'est pas un méchant, c'est un maussade.

Défiant, taciturne, voyant dans chacun un
ennemi, s'il rentre constamment en lui-même,
c'est qu'il ne trouve bien que lui.

En politique, il a des idées à lui dont on ne
le ferait démordre qu'en les adoptant ; du jour,
en effet, ou d'autres paraîtraient les partager,

il se hâterait de les répudier pour les pouvoir
combattre. Cela ne l'empêche pas de vouloir
les répandre et même imposer. Pour cette
propagande, il cherche depuis vingt ans un
journal où il soit maître comme chez lui ; tous
ceux qui ont été fondés par le parti Républicain l'ont ainsi compté, — au début, parmi leurs
fondateurs et, plus tard, parmi leurs détracteurs.

Pour n'avoir pas su par où prendre ce bâton
épineux, M. Glais Bizoin l'avait vu se retourner
contre lui. Moins... susceptible, M. Armeza su
le manier et il l'a gardé dans la pensée de s'en
servir pour faire marcher son parti à la baguette,
ou plutôt au gourdin.

Mais que venait faire, dans les conciliabules
de ces gens-là, le fantoche bedonnant, bour-
geonnant, bourdonnant, bafouillant, qu'entre
eux ils nommaient le « bonhomme Guillou » ?

Associé honoraire dans l'acquisition du matériel, cet armateur honoraire, doublé d'un Républicain honoraire, n'avait-il donc, dans la
coterie, qu'un rôle honoraire ?

Je crus d'abord qu'il en était l'amphytrion ;
c'était, en effet, autour de sa table et en déjeu-
nant qu'on délibérait. Je dois dire que la cave
était respectable et la cuisinière supportable ;
mais l'hôte avait la trop chinoise habitude de
servir tout avec ses doigts et je crois bien que
mon estomac lui en a gardé rancune.

Je ne connus et n'appréciai les hautes fonctions que remplissait « le bonhomme Guillou » que le jour où, à la suite de mon premier
article contre le préfet M. Cavé-Esgaris, il les
résigna. Aveugle que j'étais ! J'avais pris pour
« la mouche du coche » une active mouche à

miel qui, tout le jour, volelait des parterres du
Patriote aux jardins de la Préfecture , en
s'arrêtant dans les squares municipaux , sans
cesse butinant et partant distillant un miel auprès duquel ceux de l'Hymette et de Narbonne
ne sont que de la guognotte !

Pour parler sans métaphore, M. Guillon était
à la fois ce qu'en journalisme on appelle un
« reporter », ce que les diplomates nomment
un « courrier de cabinet » et ce que, dans une
coterie, on doit qualifier de « secrétaire ».

Une fois réunis sous la présidence de M. Armez,
leur Grand Doge, MM. Besnier, Ch. Pradal,
Meunier, Lemasson et Guillou durent reconnaître que, pour arriver à leurs fins, ils avaient
besoin de recourir aux lumières d'hommes plus
expérimentés qu'eux Ils choisirent : pour avoué
consultant, M. Le Lyonnais, — un sceptique ;
— pour avocat très ordinaire, M. Riou' (de
Guingamp), — un ambitieux ; — pour directeur secret, M. François Pradal, — un maître
ès astuce.

Dans quelle pensée s'adjoignirent-ils un mé-
decin, M. Leuduger-Formorel? Fût-ce pour
qu'il soignât la jaunisse de M. Armez, le cerveau de M. Ch. Pradal, les nerfs de M. Besnier,
l'estomac de M. Meunier, l'hypocondrie de M.
Lemasson, la fièvre billieuse de M. François
Pradal, la vue trouble de M. Le Lyonnais, le
prurit (électoral) de M. Riou et le torticolis de
M. Guillou? Non. Dans ce « conseil des dix »,
le sus-dit docteur tenait l'emploi très important
de « Maître Pâtelin » pour lequel, vraiment, il
a de rares aptitudes mêmes physiques.

Maintenant que nous connaissons les principaux acteurs, voyons comment chacun d'eux

va concourir au développement de l'intrigue.

En 1882, M. Armez tenait à ce que M. le Baron de Janzé fût en tête des souscripteurs et il le taxait à « au moins dix mille francs. »

L'année suivante, M. Armez s'inscrivait le premier sur la liste et, pour une somme de « dix-huit-cent francs. »

Je mets la somme en lettres pour éviter toute erreur ; parce qu'on m'a assuré que, comme elle était en chiffres sur le carnet des souscriptions, plusieurs de ceux auxquels on présenta celui-ci, — des myopes, vraisemblablement — lurent un zéro de plus et trouvèrent que c'était « raisonnable. »

Ceux qui avaient de bons yeux laissèrent voir leur ébahissement ; mais M. Armez leur expliqua que, s'il n'avait pas souscrit pour une plus forte somme, c'est qu'il ne voulait pas qu'on pût le soupçonner de rechercher, dans l'association, une position supérieure; de se préparer, pour les assemblées générales, une voix prépondérante ; d'acheter une autorité quelconque ; en un mot de payer pour dominer !

Il ajoutait, d'ailleurs, que payant de sa personne pour le moment, il saurait, plus tard si besoin était, payer de sa bourse « dans la mesure de ses faibles moyens ».

Nous verrons plus tard de quelle façon il tint cette promesse.

On n'en persiste pas moins à dire, (en catimini, bien entendu,) que M. Armez est aussi riche qu'il s'efforce de le paraître peu et l'on a fait, à ce sujet, d'intéressants calculs. Les uns prétendent qu'il dissimule une fortune considérable pour ne pas être exploité par son parti ; d'autres expliquent que, sous son apparente

parcimonie, il n'y a que le soin scrupuleux de
se mettre à l'abri du plus léger soupçon de
corruption du corps électoral !

J'attendrai, pour intervenir dans ce débat,
des éléments d'appréciation qui, de bonne source, me sont annoncés.

Quoiqu'il en soit, M. Armez réussit à recueillir plus de cent-cinquante souscriptions de trois
cents francs, payables en trois annuités, soit
quinze mille francs par an au minimum.

Le premier versement ayant été fait en sous-
crivant, le journal put paraître aussitôt.

On lui donna pour titre : **Le Patriote**.

Le Progrès — qui persistait à ne vouloir
pas mourir — vit là une insinuation blessante
pour ceux qui lui restaient fidèles et, dans un
vigoureux article, M. Maout dénia aux amis
de M. Armez le droit de s'attribuer le monopole
du patriotisme.

A la vérité, c'était plus que de l'ironie, c'était
de l'audace de prendre le mot qui traduit la
pensée d'un entier dévouement à l'intérêt général, pour enseigne d'un journal destiné à ne
servir que des ambitions personnelles et des
manœuvres de coterie.

Pour ceux qui verraient, dans ce que j'écris
là, d'injustes accusations, je vais essayer d'en
grouper les preuves.

Avec les éléments réunis par M. Armez —
les acquéreurs du matériel d'un côté, les souscripteurs de l'autre — ce qu'il y avait de plus
simple, de plus rationnel, de plus démocratique,
si je peux ainsi parler, était de former une société
par actions, dont le capital aurait représenté
tant la valeur réelle du matériel que le montant
des souscriptions. Des titres auraient été remis

en représentation de celles-ci, de même qu'aux acquéreurs du matériel, en représentation et jusqu'à concurrence de la valeur de leurs apports.

De cette façon, tous les coopérateurs auraient été égaux et solidaires, chacun d'eux ayant les mêmes responsabilités et les mêmes droits.

Au lieu de cela, M. Armez — évidemment d'après l'avis et avec le concours de son « conseil des dix », — organisa une association bâtarde dont la loi n'a pas plus prévu le nom que réglé l'existence.

Commercialement, elle offrait aux tiers si peu de garanties que pas un négociant sérieux n'eût consenti à traiter avec elle.

Si la moindre contestation avait été portée par elle devant un tribunal, elle se serait vu dénier le droit d'ester en justice, comme n'ayant aucunement la personnalité civile.

Enfin, l'association était fatalement sous le coup des poursuites du fisc qui ne devait voir, dans sa clandestinité, que l'intention de frauder l'État des droits d'enregistrement et autres.

Quand on sait que pareille association avait à sa tête un député, un « législateur », ces premières considérations prennent un caractère plus grave encore.

Mais c'est sous un autre point de vue qu'ici la question doit être envisagée. Quelles étaient les situations réciproques des diverses catégories d'associés ?

Les souscripteurs se sont, par leurs signatures, engagés à verser un argent sur l'emploi duquel ils ne peuvent exercer qu'un contrôle apparent, dérisoire, et dont ils doivent faire complet abandon.

Les acquéreurs du matériel n'entendent pas
« le louer » aux souscripteurs ; ils le leur
« prêtent » et, dès lors, aucun bail n'intervient
pour les lier. Ils en restent absolument propriétaires, sont libres d'en disposer constamment à leur guise, de le reprendre ou de ne le
laisser qu'aux conditions qui leur paraîtront
favorables à leurs intérêts personnels ou aux
intérêts de tel ou tel.

Bien plus, entre les souscripteurs et les propriétaires de l'imprimerie, apparaissent des intéressés d'une troisième catégorie : les « fondateurs », qui ont, eux, la propriété du titre
du journal ; le rédacteur en chef était le prin-
pal.

Si l'on veut, d'abord, prévoir l'éventualité de
l'épuisement des fonds provenant des souscriptions, on comprendra aisément l'étrange situation faite aux souscripteurs. Les propriétaires
du matériel et les propriétaires du journal —
car ici titre vaut possession — restaient, dans
ce cas, les possesseurs incontestables et les
maîtres absolus de l'affaire, tandis que ceux qui
l'avaient réellement montée, rendue prospère et
productive, en étaient évincés, expulsés.

Mais il est une autre éventualité beaucoup
plus menaçante, c'est celle d'un conflit. Entre
ces singuliers associés qui ont des intérêts opposés, les causes en devaient être fréquentes.
Il en pouvait naître de la direction politique
du journal, du choix, du maintien ou du départ d'un rédacteur, d'une polémique engagée
sur un terrain personnel ou, plus fatalement encore, à l'occasion d'une élection, de la désigna-
tion des candidats, d'une alliance comme celle
que M. Armez avait manigancée avec les bona-

partistes.

Quel moyen, je le demande, les souscripteurs avaient-ils de faire triompher leur opinion ? Aucun ; ils formaient une majorité aussi impuissante que considérable. Au contraire, les propriétaires de l'imprimerie et du journal, bien qu'en minorité infime, pouvaient très aisément dominer, exercer une pression décisive, mettre le marché à la main ! Et, pour cela, il leur suffisait de menacer les souscripteurs de reprendre les uns le matériel, les autres le titre du journal.

Que restait-il alors aux souscripteurs ? **Un passif à payer.**

L'administration d'un journal est, un effet, toujours débitrice vis à vis d'un grand nombre de gens ; ses abonnés sont autant de créanciers. Ils paient d'avance et si la publication est suspendue, il y a lieu de « rendre l'argent », de restituer à chacun d'eux la somme représentant ce qui restait à courir sur la durée de son abonnement. Dans l'organisation « primitive » du **Patriote,** c'est incontestablement aux souscripteurs qu'incombait le règlement du passif de cette liquidation.

Et que l'on ne dise pas que je me livre, pour les besoins de ma cause, à des prévisions ridicules, à des suppositions téméraires, à des insinumations malveillantes et injustes.

Je ne suppose rien ; je ne fais que tirer des déductions d'un fait qu'on peut d'autant moins nier qu'il s'est produit en pleine Assemblée générale des associés du **Patriote** et dans des conditions particulièrement significatives.

Quand je dus prendre la direction de ce jour-

nal, je posai comme première et essentielle
condition que l'association formée par M. Armez serait immédiatement transformée en une
société anonyme et légale. Dans l'établissement
des livres de la nouvelle société, il fallait faire
figurer une somme de près de 6000 francs qui
avait été prise sur les fonds des souscripteurs
pour payer « l'installation et le complément du
matériel ». (On comprendra plus loin l'importance de cette observation.)

Or, il advint que, à la suite de mes articles
sur certains actes de M. Cavé-Esgaris, un conflit s'éleva ; d'aucuns m'approuvaient et enten-
daient que la campagne entreprise se continuât ;
d'autres me désavouaient et s'engageaient vis
à vis du préfet, à me « faire révoquer ».

A cet effet, M. Ch. Pradal prit l'initiative
d'une assemblée générale qui eut lieu le 23 novembre 1884. En dépit des menées et des cabales des agents de la coterie, les quatre cin-
quièmes des actionnaires approuvèrent la politique du journal et renouvelèrent au Directeur
leur confiance entière.

On vit alors M. Riou (de Guingamp) se lever
et porter, « au nom de plusieurs de ses amis »,
une motion tendant à distraire de l'actif social
le matériel de l'imprimerie « pour le rendre à
ses **légitimes** propriétaires, » lesquels ne
l'avaient apporté « qu'à la condition qu'il ser-
virait à défendre et non à attaquer leurs amis
et leur cause. »

Ceux au nom desquels M. Riou parlait, se
prétendaient donc « légitimes propriétaires »
d'un matériel pour le complément et l'installation duquel les souscripteurs avaient (à leur
insu, il est vrai) fourni six mille francs ?

Et cet avocat, — qui se croit du bois dont on fait les législateurs — refaisant à sa guise la loi sur les Sociétés, invoquait je ne sais plus quelles irrégularités dans la constitution de la Société du **Patriote**, pour en décréter la nullité et en déduire le droit, « pour ses clients », de reprendre ce qu'ils avaient apporté !

Quant aux garanties des tiers, aux droits des actionnaires, aux intérêts des abonnés et à la situation du parti, M. Riou et ses clients n'en avaient cure !

M. Armez, député et président, ne trouva rien à reprendre à pareille motion et, au lieu d'y opposer la question préalable, il la laissa discuter et la mit aux voix.

En ma qualité d'administrateur délégué, je me contentai de déclarer que si pareille proposition était votée, mon devoir serait de déposer immédiatement le bilan de la Société qui, dépouillée de son actif principal, se trouverait en face d'un passif très fort et, par suite, en faillite.

La motion de M. Riou fut rejetée et les auteurs de cette audacieuse tentative n'en retirèrent que confusion. Mais il en eût été tout autrement si, étant encore en possession incontestable du matériel, ceux qui l'avaient acquis eussent pu menacer de le reprendre.

On voudrait croire que ni M. Armez ni ses conseillers n'avaient envisagé la possibilité de semblables conflits. Mais, pas plus sur ce point que dans le choix d'un rédacteur, il n'est possible d'attribuer leurs agissements à l'irréflexion, à l'imprévoyance.

Plus qu'aucun autre, M. Armez avait conscience de la situation qu'il faisait aux Républicains, dont il mettait la caisse à contribution; mais cette situation, était nécessaire au succès de ses combinaisons.

Vraisemblablement, en prenant rang parmi les souscripteurs plutôt que parmi les propriétaires, M. Armez voulait se mettre à l'abri de tout soupçon futur, et pouvoir figurer parmi les « victimes »; il crut avoir ainsi bien caché son jeu. De fait, personne ne put alors lire dedans et, quand M. Meunier me disait que M. Armez s'était opposé à ce qu'il fît seul l'acquisition du « matériel », je l'eusse, sans aucun doute, froissé, si j'avais insinué qu'il fallait voir là un calcul et non une « discrétion ». M. Meunier était homme à faire — dans un de ses élans de générosité — abandon complet de l'imprimerie aux souscripteurs, c'est-à-dire, en somme, au parti Républicain; et c'est ce que M. Armez voulait à tout prix empêcher.

Le pourquoi? Il est aisé de le deviner. Entre autres raisons, si je prends la suivante c'est qu'elle repose sur des faits déjà connus et établis.

M. Armez voulait une alliance avec le parti bonapartisme. A son point de vue personnel, il avait raison de la vouloir, car avec elle sa réélection comme député lui paraissait assurée; sans elle il était certain d'un échec piteux et irréparable. Mais il savait bien que son parti n'en voulait pas et que les souscripteurs du **Patriote**, autorisés à parler au nom de leurs amis politiques, refuseraient d'en signer le traité.

La présence à la rédaction du **Patriote** d'un ancien rédacteur du journal bonapartiste devait bien amoindrir, ou mieux endormir cette opposition; mais elle était insuffisante pour la briser ou l'enchaîner. En fin de compte, les souscripteurs pouvaient empêcher le traité d'alliance, si on ne les mettait pas « dans l'impossibilité de nuire ».

Il faut reconnaître que, par l'organisation financière de l'organe du parti, on y réussissait on ne peut mieux.

Avec elle, « l'opération césarienne » serait facile et le succès garanti.

Un peu avant les élections, on convoquait les souscripteurs ; on érigeait leur assemblée en « grande réunion électorale » et, sans ambages comme sans vergogne, on demandait la ratification du traité d'alliance conclu. La motion rencontrait une opposition que l'on avait prévue et dont on ne s'effrayait pas. Sur un signe de M. Armez, l'un des propriétaires — ou leur avocat M. Riou — annonçait le « retrait du matériel et du titre du journal. » Au milieu d'un désarroi calculé, les « officieux » intervenaient. L'un disait la joie que la réaction éprouverait de la débandade des républicains à la veille d'une bataille qui leur assurait la victoire ! L'autre observait aux opposants que leur résistance était enfantine, puisque l'alliance, ne se faisant pas avec eux, se ferait sans eux ! Celui-ci parlait haut de la responsabilité des citoyens qui, par leur « aveugle intransigeance » tordaient le conflit ! Celui-là agitait aux yeux des souscripteurs la carte à payer.... par eux !

Il y avait quatre-vingt dix-neuf chances contre une pour que les opposants, acculés dans cette impasse, finissent par capituler « la mort dans l'âme ».

C'est ce que M. Armez prévoyait et voulait !

On en sera plus convaincu encore et l'on saisira mieux toute l'importance que la coterie attachait à l'organisation qu'elle avait donnée au **Patriote** lorsque, — par ma sixième lettre — on aura vu les efforts désespérés qu'elle fit pour en empêcher la transformation.

E. LE NORDEZ.

Nota. — La 6° **Lettre** paraîtra le mercredi 27 juillet.

COUPS DE GARCETTE

LETTRES
SUR LA SITUATION DU PARTI RÉPUBLICAIN
DANS LES COTES-DU-NORD

PAR

E. LE NORDEZ

6ᵐᵉ LETTRE

ÉDITEUR : PETITET-COUVREUX, rue des Jacobins
A POITIERS

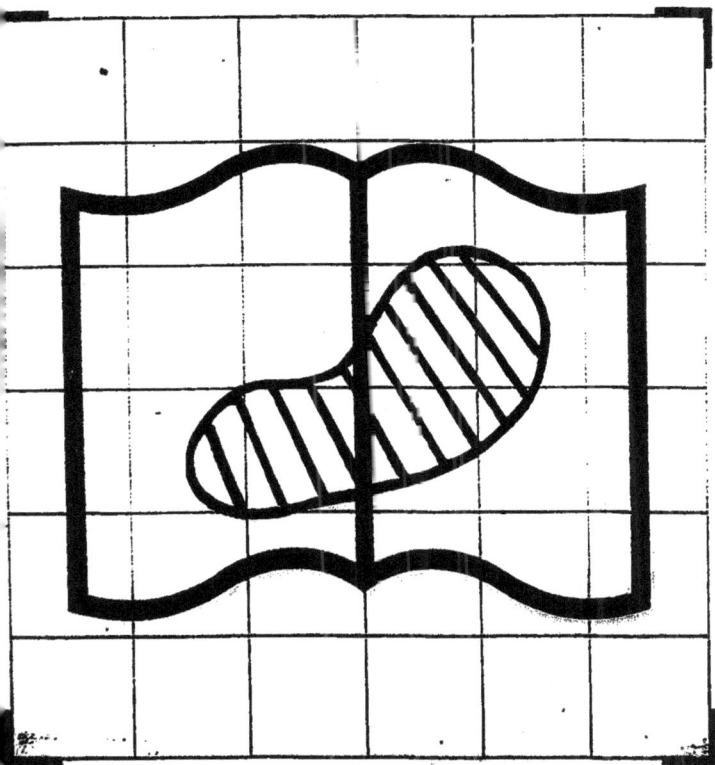

6me LETTRE

23 Juillet 1887 (*)

CHERS LECTEURS,

Vous me rendrez cette justice que, si je ne prends aucun détour pour accuser autrui, je sais aussi faire, sans restriction, ma confession personnelle.

Plus d'un, parmi vous, doit se demander comment et pourquoi ayant, sur M. Armez et ses acolytes, sur leurs convoitises et leurs procédés, une opinion aussi arrêtée que défavorable, j'ai accepté la « direction » d'un journal fondé par eux et pour eux.

C'est avec la plus entière franchise que je dirai le *pourquoi* ; il me faut, auparavant, répondre brièvement au *comment*.

Si MM. ᴵ nier et Meunier ne suspectaient point les mobiles qui avaient déterminé M. Armez, soit dans l'organisation financière du *Patriote*, soit dans le choix de son rédacteur, par contre ils reconnaissaient les résultats négatifs obtenus et se répandaient en récriminations sur la mauvaise administration du journal, comme sur l'in-

(*) Si cette *Lettre*, que l'Éditeur avait annoncée pour le mercredi 27 juillet, paraît avec cinq jours de retard, c'est que le pli qui en contenait la copie a pris une fausse direction, non du fait de l'administration des postes, mais par suite d'une erreur de l'expéditeur qui, dans la suscription, avait indiqué *Poris* au lieu de *Poitiers*.

suffisance de sa rédaction.

Ils affirmaient que l'argent des souscripteurs était dépensé sans économie et surtout sans profit. D'autre part, ils craignaient que l'encaissement du second tiers des souscriptions rencontrât des difficultés, par suite du mécontentement général relativement à la rédaction. On se plaignait que non seulement le **Patriote** n'engageât aucune polémique avec les journaux réactionnaires, mais qu'il refusât celles qu'eux-mêmes provoquaient. Aucune propagande n'avait été faite en vue des élections au Conseil général et, bien qu'on fût à la veille du scrutin, l'organe du parti républicain ne donnait à ses candidats qu'un appui sans élan comme sans effet.

Le résultat du vote, dans le canton d'Etables en particulier, ne fut pas de nature à calmer ces mécontentements. M. Besnier fut mis en ballotage avec une minorité décourageante ; déconcerté et humilié, il voulait renoncer à la lutte. Pour le décider à rester sur la brèche, ses amis lui persuadèrent que son insuccès était uniquement imputable au peu de concours du journal et que ce premier échec pouvait être réparé par une profession de foi « à sensation » et par quelques articles vigoureux.

On s'adressa à moi pour leur rédaction ; je ne sus point refuser ce service et j'eus tort, car, de ce jour, je fus pris dans l'engrenage d'une dangereuse machine.

Au scrutin de ballottage, M. Besnier fut élu par une majorité inespérée. Lui et ses amis m'attribuèrent une large part dans ce succès ; leur reconnaissance envers moi eut le tort de se traduire par des accusations nouvelles et plus vives contre le rédacteur du **Patrióte**.

Je ne connaissais point celui-ci, mais les devoirs de la confraternité me constituaient son défenseur. Je m'efforçai de démontrer que son impuissance était la conséquence fatale de la situation dans laquelle on l'avait placé.

Sans laisser aucunement percer mes sentiments à l'égard de MM. Armez et consorts, je fis envisager les difficultés que suscitaient à ce rédacteur son ancienne collaboration à l'**Armorique**; et j'insistai sur les difficultés plus grandes encore qui résultaient pour lui de la mauvaise organisation de la société du **Patrióte**, organisation qui le plaçait, non sous la direction du parti républicain, mais sous la dépendance d'une « coterie ». Ce mot ayant paru soulever quelques protestations, je me laissai aller à le justifier. L'un de ceux devant qui je parlais m'interpella en me priant de dire par quoi je proposerais de remplacer l'organisation du **Patrióte** que je critiquais si sévèrement.

Ainsi pris au dépourvu, j'improvisai tout un plan basé sur la transformation de l'association primitive en une société anonyme. Je montrai comment, avec elle, les actionnaires, devenus tous égaux, seraient en pleine possession de leur organe, de son imprimerie comme de son titre; comment alors ils choisiraient les rédacteurs, dirigeraient la politique et controleraient l'administration; comment enfin, leurs volontés étant l'unique loi, il n'auraient plus rien à critiquer puisque rien ne se ferait que par eux.

Ma démonstration fit impression et elle fut rapportée à M. Armez qui, sans tarder, vint me faire une visite. Après m'avoir remercié de l'intérêt que je portais à « son journal », il m'assura que, mieux que personne, il reconnaissait la nécessité de lui donner une meilleure organisation. Aussi me priait-il de l'aider de « mes conseils » pour y réussir.

Je connaissais trop bien l'homme pour ne pas deviner son véritable but ; sa finesse est toujours cousue de fil blanc. M. Armez et ses conseillers voulaient connaître à fond mon plan pour le combattre plus sûrement et ils espéraient me donner le change par des manifestation de sympathie.

J'ai toujours pensé que, pour jouer au plus fin, la franchise est infiniment plus habile que la dissimulation.

En indiquant à M. Armez les transformations qui me paraissaient nécessaires pour faire de « son journal » l'organe autorisé et influent de son parti, je ne lui dissimulai pas que je croyais ainsi livrer assaut à la citadelle dans laquelle il s'était retranché.

Il affecta de ne pas comprendre ; mais il ne tarda pas à me prouver que, de ce jour, il me tenait pour un adversaire.

Quelques semaines plus tard, il me priait de vouloir bien lui « tracer par écrit l'excellent programme » que je lui avais verbalement exposé, afin de lui permettre « d'en faire ressortir les avantages » auprès de ceux de ses amis qui se montraient « opposés à toute transformation dans l'organisation du journal. » (Lettre du 29 août 1883).

Je dressai et adressai l'exposé demandé. Mais bientôt, ainsi que je le prévoyais, les objections se succédèrent. Ce n'était pas M. Armez qui les faisait, c'étaient des « amis » qu'il ne nommait pas. Et, comme il tenait « à la prompte réalisation de mes projets », il me demandait de lui donner « les moyens de vaincre l'opposition que beaucoup y faisaient. »

Il serait oiseux d'entrer ici dans l'examen détaillé des difficultés que — péndant plusieurs mois, — M. Armez fit naître successivement ; il suffit de reproduire quelques unes de ses plus « sérieuses objections » pour faire juger de la puérilité de toutes.

∴ D'abord, il est « frappé de cette pensée que la formation d'une société anonyme impliquant la publication des noms de tous les actionnaires, cette publicité répugnera à beaucoup de souscripteurs du **Patriote** qui ne se sont que des **adhérents honteux** »

Plus tard, M, Armez m'écrit :

Votre projet a pour point de départ la fusion de l'imprimerie et du journal, l'association entre les propriétaires du matériel et les souscripteurs. Je ne sais si les premiers consentiraient à l'abandon que vous leur demandez ; mais l'adhésion de chaque souscripteur est nécessaire, et il ne faut pas espérer les réunir tous.

Dans une autre lettre, M. Armez « songe » aux difficultés que suscitent « les droits reconnus au rédacteur du **Patriote** ».

Et puis, feignant d'oublier que je n'ai promis que des « conseils », il me demande insidieusement: quels fonds je mettrais dans l'affaire! quels honoraires je demanderais pour écrire de temps en temps des articles de polémique. ! quel titre et quelle situation je comptais prendre à côté du rédacteur en chef !

Tout cela n'avait qu'un but, lasser ma patience, froisser ma dignité, et ainsi m'amener à me désintéresser d'une entreprise à laquelle aucun intérêt personnel ne m'attachait.

Si M. Armez m'eût mieux connu, il eût, pour arriver à ce but, usé d'autres procédés avec moi. Je suis Normand et, par tempérament, je mets d'autant plus de ténacité à poursuivre un but que l'on sème sur mon chemin plus de difficultés. Je ne serais pas journaliste, si je n'aimais pas la lutte.

En présence de la résistance sourde que je rencontrais, je me piquai au jeu et — bien à tort, je le dois avouer — je me mis dans la tête de la vaincre à tout prix.

Le sentiment plus passionné que réfléchi auquel j'obéissais en cela fut encore avivé par une circonstance que je ne saurais taire.

Depuis longtemps, le préfet du département, M. Cleiftie, était l'objet d'attaques violentes, quotidiennaires et personnelles de la part des journaux réactionnaires et le **Patriote** n'y répondait jamais.

Sous forme de « Lettres à M. le Préfet », l'**Indépendance** commença une campagne particulièrement agressive et le fonctionnaire visé s'en émut d'autant plus qu'au lieu de l'injurier comme par le passé, on discutait ses actes avec autant de sûreté dans la pensée que de vigueur dans l'expression.

M. Cleiftie, qui a le malheur d'être très nerveux, était peut-être moins irrité des attaques de l'**Indépendance** que du silence que s'obstinait à garder le **Patriote**.

A la vérité, on pouvait s'étonner que ce

journal ne tint pas pour un devoir de défendre le représentant du gouvernement contre ceux qui, en dénigrant le fonctionnaire, ne visaien qu'à déconsidérer la République.

Or, d'étranges bruits couraient au sujet de l'attitude du « journal de M. Armez. »

A tort ou à raison, on attribuait les « Lettres » publiées par l'Indépendance à MM. Le Provost de Launay ; c'était l'opinion du Préfet, qui voyait dans ces derniers des ennemis personnels.

A tort ou à raison encore, on affirmait que M. Armez avait des motifs très intimes de ne pas chercher noise à ces Messieurs Le Provost de Launay et que le Patriote se taisait par son ordre.

Quelles compromissions pouvait-il bien y avoir encore de ce côté? M. Armez était décidément un sphinx aux énigmes nombreuses autant qu'embrouillées et il y avait quelque gloire à jouer avec lui le rôle d'Oedipe.

Quoiqu'il en soit, il paraît bien qu'au Ministère on fit entendre à M. le député Armez qu'il était nécessaire et urgent que son journal sortit d'une réserve qui pouvait être prise par d'aucuns pour une désertion.

M. Armez se contenta de répondre que son rédacteur était « absorbé par les soins de l'Administration du journal » et que, d'ailleurs, « il avait peu de goût pour les polémiques ».

On objecta qu'il était très simple de prendre un journaliste qui eût ce goût là. Le Préfet, qui avait été très exactement renseigné par le « bonhomme Guillou » sur les négociations ouvertes avec moi, insista pour que le Patriote

s'assurât ma collaboration et, comme... l'Administration avait quelques moyens de « coërci-
tion », — sur lesquels plus tard je donnerai
d'intéressants renseignements — elle en usa.

C'est alors que M. Armez me fit écrire ceci :

Nos amis se sont enfin rangés à vos idées et souscri-
vent à vos projets ; mais il faudrait que vous consentiez
à vous charger de leur réalisation. Ni notre rédacteur,
ni aucun de nous n'est à même de mener à bien l'entreprise que vous avez conçue et étudiée. Nous vous
offrons donc le titre et les fonctions de Directeur et
nous désirons vivement que vous acceptiez. Mais nous
ne pouvons nous dissimuler que, dans votre situation,
il faudrait un bien grand dévouement pour que vous
vous adstreignez à une aussi lourde besogne et, si vous
refusiez, nous nous verrions condamnés à conserver
l'organisation qui existe, bien que nous la sachions
défectueuse.

Très certainement le « Conseil des Dix » jugea
cette mise en demeure d'une habileté consommée. Je refuserais, on n'en doutait pas ; et alors
on avait réponses prêtes pour le Préfet comme
pour les partisans de mon programme. Le
Patriote continuait à se taire et la coterie
continuait ses intrigues.

Refuser était, j'en conviens, la seule résolution sage que je dusse prendre.

Avais-je un intérêt personnel à accepter ?
Aucun. Mon acceptation m'imposait, au contraire, de grands sacrifices : sacrifices pécu-
niaires, qui m'obéraient lourdement et que les
avantages de la situation que l'on m'offrait ne
devaient compenser que dans un temps éloigné ;
sacrifices d'affection, d'autant plus pénibles que
je n'étais pas seul à en supporter le poids ; sacrifices de relations qui coûtaient plus encore
à ma dignité qu'à mes habitudes ; à ma cons-

cience qu'à mon cœur.

Mais, alors, pourquoi ai-je accepté ?

Dirai-je que je me dévouais à une cause et que les intérêts du parti Républicain de ce département me passionnaient à ce point que je misse en complet oubli les miens propres ? Non.

Je ne crois guère à ces désintéressements là chez les autres et je ne les ai jamais eus. Au risque de scandaliser certaines gens, je déclare être de l'école de ceux qui professent que, en politique, les « principes » se façonnent d'après les passions, quand ce n'est pas sur les intérêts.

Du moment où aucun intérêt ne me poussait, je suis bien forcé de reconnaître que j'ai obéi à des « passions ».

La passion d' « avoir raison » est en moi de naissance et de race et cette passion là, je le confesse, m'a fait faire dans ma vie bien des sottises.

Puisqu'aussi bien ma confession est ainsi commencée, je la fais plénière.

Quand j'ai débuté dans le journalisme, mon opinion se résumait dans cet amour de l'indépendance qui domine chez un jeune homme tous les actes comme tous les sentiments ; c'était assez pour me faire combattre l'Empire.

Fils d'ouvriers, mais élevé très bourgeoisement et instruit par des prêtres, il y avait chez moi un mélange d'instincts démocratiques et de sentiments conservateurs qui s'accommodait assez bien des doctrines du parti Orléaniste libéral.

C'est à son service que je mis ma plume plus

fougueuse qu'expérimentée et comme, à cette
époque, Républicains et Orléanistes étaient
alliés contre l'Empire, je pris, dans cette lutte,
non moins de haine contre les bonapartistes
que de sympathie pour la République.

En 1871, tous les libéraux se prononçant
pour l'essai loyal de celle-ci, je ne crus pas
changer de terrain en prenant la rédaction de
la **Bretagne Républicaine**. Je retrou-
vai au **Moniteur Universel** les mêmes
chefs à suivre, la même politique à défendre.
Pendant le 16 mai, par la campagne que personnellement j'engageai contre les complots de
coups d'État que les bonapartistes formaient
jusque dans le sein du Ministère — et j'aurais
à ce sujet de bien intéressantes « informations »
à fournir, — je pensai rendre encore à la cause
libérale d'appréciables services.

Dans une lettre que je conserve et que je
viens de relire, le Comte de Paris — à l'occasion
du programme d'un nouveau journal dont on
m'offrait la direction — me faisait dire : « Je
tiens à ce que l'on sache bien et vous pouvez
affirmer que mon parti et moi nous préférerons
toujours la République à l'Empire »

Or, il est venu un jour — après la mort de
Henri V, cet intransigeant adversaire des compromissions — où j'ai vu les partisans de son
héritier déserter le terrain libéral pour s'unir
aux bonapartistes, dans l'espérance aveugle de
les rallier, mais avec la perspective plus certaine
d'être par eux absorbés, protégés, annihilés !
Me rappelant alors le conseil du Comte de Paris,
je l'ai trouvé bon à suivre et j'ai préféré la République à l'Empire.

L'occasion de prouver que « j'avais raison »
m'était fournie par l'offre d'entrer au **Patriote**
et je l'ai saisie avec d'autant plus de « passion »
que, dans ce département, le bonapartisme était
en train de mener de front plusieurs campagnes.

Je ne cache pas que l'idée de faire avorter le
projet d'alliance si patiemment ourdi par
M. Armez me .. passionnait beaucoup.

Mais, ce que le duc de Feltre travaillait à faire
avec les Républicains, deux de ses amis politiques l'avaient plus habilement entrepris avec
les royalistes.

Personne ne niera que MM. Le Provost de
Launay fussent des bonapartistes avérés. Non
seulement ils avaient servi l'Empire et lui devaient leur situation politique, mais ils en avaient
les principes et les traditions, les mœurs politiques et électorales, la méthode politique et
administrative.

En vue, eux aussi, des élections prochaines
ils s'étaient introduits à l'**Indépendance
Bretonne** et ils étaient en voie d'y exercer
une action qui ne devait pas tarder à être prépondérante.

En voyant avec quelle aveugle confiance des
hommes libéraux et clairvoyants, tels que M le
Comte de Tréveneuc, recevaient « ces loups devenus bergers », je prévoyais mieux encore quel
sort le parti auquel ils appartenaient réservait
à mes anciens amis politiques

Les combattre n'était pas seulement rester
fidèle à mon passé; c'était aussi justifier mon
passage dans le parti républicain.

Bref, j'avais la folle prétention d' « avoir raison » à la fois contre les orléanistes qui se li-

vraient aux bonapartistes, contre les impéria-
listes exploitant les conservateurs, contre
MM. Le Provost de Launay visant à « rouler »
les royalistes, contre M. Armez et sa coterie
uniquement préoccupés de compromettre le
parti républicain au profit de leurs convoitises !

On a toujours tort quand on veut toujours
avoir raison.

C'est ce qui m'est arrivé au **Patriote** et je
le confesse avec une contrition parfaite.

Ceux qui, au début de ces **Lettres**, ont pú
penser que, en les publiant, je visais à la justification de ce que j'ai pu faire, écrire et dire
pendant que j'ai dirigé ce journal, verront, par
ce qui suit, qu'elles ont un but tout opposé.

On sait maintenant suffisamment comment,
pourquoi et dans quels sentiments je pris la
direction du **Patriote**.

Je mis, toutefois, à mon acceptation, certaines
conditions que la prudence commandait. Tous
les intéressés, réunis à cet effet, ratifieraient
mon programme financier et mon programme
politique ; ils me donneraient pleins pouvoirs
pour en poursuivre l'application et me permettraient de choisir parmi eux les membres du
Conseil qui devaient les représenter et me seconder.

Il était difficile à M Armez et à ses conseiller de sortir de l'impasse où je les acculais. En
cherchant de nouvelles échappatoires, ils eussent fait naître des soupçons et ils s'exposaient
à se voir arracher leurs masques. Ils cédèrent
et affectèrent même une joie très grande de ma
résolution.

M. Meunier m'écrivait, en effet, le 11 novembre 1883 :

« M. Armez s'est montré très content de
votre acceptation ; M. Pradal *lui-même* (!) l'a
apprise avec enthousiasme et tous nos amis politiques vous en exprimeront leur reconnaissance. »

L'Assemblée Générale eut lieu le 23 novembre
et ratifia à l'unanimité toutes mes proposi-
tions. Le Conseil d'administration fut, en majorité du moins, formé d'hommes sur la droiture et le désintéressement desquels je pouvais
compter et si M. Armez en resta le président,
MM Pradal frères, Leuduger-Fortmorel et Lemasson en furent écartés.

Il semblait donc que je ne dusse rencontrer
désormais ni obstacles, ni résistances dans l'accomplissement du mandat que, avec plus d'entrain que de prudence, je venais d'accepter.

Je ne me berçais pas d'une aussi douce illusion; je pressentais bien que les membres de la
coterie ne se tiendraient pas pour battus et que
j'aurais à soutenir contre eux une lutte incessante, d'autant plus difficile que je n'aurais
devant moi que des adversaires cachés qui, au
besoin, m'embrasseraient pour me mieux trahir
et me plus aisément étouffer.

Le soir même de l'Assemblée Générale qui
m'avait constitué directeur, en titre et en fait,
du **Patriote**, un honnête homme m'écrivait :

Vous jouez gros jeu et vous avez, je le crains, trop tôt
démasqué vos batteries. En faisant adopter la formation
d'une société anonyme par actions, vous avez détruit
une des forteresses de la coterie ; en faisant entrer dans
votre Conseil les républicains dévoués de chaque arrondissement, vous vous êtes fortement retranché. Mais
M. Armez et MM. Pradal vont essayer de miner le ter-

rain sous vos pieds. Surveillez leurs machinations : si,
ce que je souhaite sans oser l'espérer, la victoire vous
reste, tout le monde vous acclamera ; mais si vous
échouez, il n'y aura pas assez de pierres sur nos grèves
pour tous ceux qui vous en voudront jeter.

Que ne suis-je autorisé à donner le nom de
ce trop clairvoyant correspondant ! Il suffirait
pour couvrir de confusion ceux dont il jugeait
si bien le caractère et les agissements !

M Armez n'attendit pas vingt-quatre heures
pour lui donner raison. Voici, en effet, ce que le
lendemain de la réunion, il écrivait :

« Ne pourrait-on pas ajouter le nom du
Dr Formorel à ceux des membres du nouveau
Conseil d'administration ; je serais censé avoir
oublié de le lire. »

Il y avait là une tentative et une tendance
auxquelles il me parut bon de couper court dès
le début. J'entendais que M. Armez fit, dans
l'avenir, un peu plus de cas de mon autorité
de directeur qu'il n'en avait fait, dans le passé,
des décisions de son parti. Je le lui dis en termes précis qui me valurent de lui cette réponse:

Je regrette d'avoir éveillé votre susceptibilité ; quand
vous me connaîtrez mieux, vous verrez que j'ai l'habitude de respecter tous les droits. Personne n'est plus
décidé que moi à éviter les froissements.

Si je m'étais reposé sur ces protestations là,
j'eusse été bien et promptement « mis dedans ».

Je n'ai point l'intention de relater, dans ces
Lettres, les interminables démêlés qui se
sont élevés entre M. Armez ou tels et tels de
ses amis et moi, pendant que j'ai dirigé le
Patriote; ce serait fastidieux pour mes lecteurs et pour moi.

Je ne peux pas, toutefois, passer sous silence

le conflit grave et significatif que suscita, dès
le début ; ma campagne contre M. Louis Le
Provost de Launay.

Celui-ci a écrit récemment dans l'**Indépendance Bretonne** que c'était uniquement pour l'injurier que j'avais été, par
M. Armez, engagé au **Patriote**.

Si ma prochaine épître lui tombe sous les
yeux, M. Louis Le Provost de Launay y trouvera la preuve que, dans son assertion, il y a
plus de contre-vérités que de mots.

E. LE NORDEZ.

COUPS DE GARGETTE

LETTRES

UR LA SITUATION DU PARTI RÉPUBLICAIN

DANS LES COTES-DU-NORD

PAR

E. LE NORDEZ

7ᵉ LETTRE

ÉDITEUR : PETITET-COUVREUX, rue des Jacobins
A POITIERS

7me LETTRE

6 Août 1887

Je désire bien, Chers Lecteurs, qu'en me suivant désormais vous ne mettiez point en oubli les aveux que spontanément je vous ai faits dans ma dernière **Lettre**. Ce n'est point du tout ma justification que je poursuis. Je reconnais que si mon passé politique m'avait préparé à tout autre rôle que celui de **leader** du parti Républicain, d'autre part il me commandait plus de réserve et de modération que je n'en ai montré quand, après avoir eu la témérité de prendre ce rôle, j'ai eu la prétention de m'y vouloir imposer.

Mais il n'est pénitent si contrit qui ne cherche à trouver et à invoquer des circonstances atténuantes.

En justice, l'instigateur du fait incriminé. — alors même qu'il n'a eu aucune part dans son accomplissement, — est tenu pour le premier et principal coupable ; ceux auxquels il a suggéré l'idée et fourni les moyens de le commettre sont pris seulement pour ses complices.

C'est M. Cleiftie, alors préfet de ce département, qui fut l'instigateur de mon premier... « méfait » au **Patriote** ; je le dénonce sans scrupule, sachant bien que, loin de s'en défendre, il s'en est fait honneur.

Celui-là, en effet, a « le courage de ses actes » ; d'aucuns trouvent même qu'il l'a un peu trop, parce que non content de n'en jamais

désavouer aucun, il les tient tous pour si sages
que la moindre critique qu'on en fasse le trouble et l'irrite.

Ce fut un peu l'opinion que je rapportai de
mon premier entretien avec lui.

S'il se montra plus que de raison ému des
attaques quotidiennes des journaux de l'opposition, c'est avec amertume qu'il se plaignit du
peu d'appui que lui avait prêté « le journal de
M. le député Armez. »

Ainsi amené à me donner son avis sur la
situation du parti Républicain, il constata son
impuissance et son émiettement, « résultat, me
dit il, de l'abandon de sa direction à des coteries » ; mais il affecta de ne nommer personne.

Il insista particulièrement sur la nécessité de
remettre ce parti en possession de lui-même.
Et, comme il me pressait de m'y employer, je
me permis d'insinuer que l'action préfectorale
devait être, sur ce terrain, beaucoup plus fructueuse que la mienne. — « On me reproche déjà
de faire trop de politique », me répondit-il.

Au fond, il était aussi convaincu que moi du devoir, pour un préfet, de travailler à la formation,
au développement, à l'organisation d'un parti
de gouvernement. Manquait-il donc des apti-
udes requises pour cette propagande ?

C'est, on le comprend, par une sage et vigi-
lante administration des affaires publiques qu'elle
peut le mieux et, qu'elle doit principalement
s'exercer ; mais un administrateur ne s'improvise
pas et il faut bien avouer que les connaissances
spéciales et l'expérience qui le font ne sont
pas toujours les titres qui donnent les meilleurs
droits à l'admission dans le personnel préfec-

— 93 —

toral. On y rencontre aujourd'hui pas mal de
« fruits secs », dont le suffrage universel n'a
pas voulu et auxquels, par camaraderie, certains ministres ont donné des « compensa-
tions, » parce que, à la poursuite des mandats électifs qu'ils ambitionnaient, ils ont
compromis leur fortune ou leur situation !

Il en était autrement de M. Cleintie ; sa valeur
administrative égalait son zèle. Mais, pour
réussir dans les Côtes-du-Nord, il faut plus.

Jules Simon devait songer à son pays breton
quand il voulait la « République aimable ». Or,
M. Cleintie n'était pas, disait-on, aimable
avec tout le monde. On pouvait lui reprocher
de ne pas être assez accessible. Avant d'être
reçu par lui, il fallait faire souvent longtemps
antichambre et cela disposait peu à le trouver
affable, alors même qu'il l'eût été. La dignité
avec laquelle il recevait passait à tort pour de
la morgue; mais elle paralysait les sympathies
et retenait la confiance.

Combien, sous ce rapport, son prédécesseur
lui était supérieur !

Un mot sur ce dernier n'est point ici déplacé.

Par la franchise de ses allures, par sa joyeuse
humeur, par son affabilité constante, M. Berthereau ne faisait pas que gagner des adhérents
à la République ; en fortifiant son parti dans le
département, il en groupait les éléments, et
donnait pour excellente base à son organisation
la fraternité.

Mais l'œuvre d'appaisement et d'union qui se
faisait, plutôt grâce à lui que par lui, inquiéta
vite la coterie dont elle menaçait les convoitises
et les calculs. Et, comme il refusa de se sou-

mettre à ses exigences, de seconder ses menées,
M. Berthereau fut bientôt brisé par elle.
Personne n'ignore que c'est M. Armez qui,
foulant aux pieds les vœux hautement expri-
més et publiquement manifestés par son parti,
réclama le départ de M. Berthereau.

Ceux-là seuls qui ignorent les tripotages
parlementaires demanderont comment le Ministre d'alors put déférer à pareille demande. Il
est des députés et des sénateurs qui vendent
leurs votes tout comme certains électeurs ; et il
est aussi des ministres qui les achètent tout
comme certains candidats. Pour s'assurer une
majorité qui le maintienne aux affaires, un cabinet se procure des voix en donnant aux membres du Parlement tout ce qu'ils lui demandent.
C'est ainsi que tous les agents du pouvoir, depuis le préfet jusqu'au plus humble garde-
champêtre, sont à la merci de ces Messieurs.
Que ceux-ci usent de ces « privilèges » pour
assurer leur réélection, cela se comprend ; mais
il s'en suit que, dans maints départements, —
le nôtre entre autres — c'est le gouvernement
même qui a affaibli son propre parti, fourvoyé
l'Administration et démoralisé le suffrage universel.

Accorder, ou plutôt faire concorder les devoirs
de sa situation avec les exigences des « législateurs » de son département est, présentement, le
grand souci des préfets. Or, les changements per-
pétuels qui se produisent dans l'administration
de nos départements prouvent suffisamment
que très restreint est le nombre de ceux qui y
réussissent.

Dès son arrivée, M. Cleiftie flaira le danger de

sa situation et, pour y échapper, il se renferma dans la plus excessive réserve. Il vit trop clair dans le mauvais jeu de la coterie pour s'y prêter et, pas un instant, il ne se livra à elle ; mais, d'autre part, il la jugea assez redoutable pour ne pas la combattre ouvertement. Il me laissa, toutefois, suffisamment entendre qu'il ne serait point fâché de me voir le faire moi-même.

. Il me parut, je dois le dire, moins préoccupé des « chefs » de son parti que de lui, pressé surtout et avant tout de me voir engager une lutte acharnée contre MM. Le Provost de Launay, père et fils, qui étaient pour lui des ennemis personnels plus encore que des adversaires politiques.

Aux séances du Conseil Général, leurs provocations continuelles l'agaçaient jusqu'à lui faire perdre le calme dont il avait besoin pour la discussion. C'était à eux qu'il attribuait toutes les attaques dont l'**Indépendance Bretonne** le harcelait ; et, comme elles affectaient fréquemment beaucoup plus le caractère d'offenses contre l'homme que de censure des actes du fonctionnaire, il s'en montrait plus encore navré qu'exaspéré.

On sait assez dans quelles dispositions d'esprit je me trouvais personnellement pour comprendre comment j'accueillis les récriminations de M. Cleistie.

Comme moi, il était d'avis que ces Messieurs Le Provost de Launay étaient en train de s'emparer d'une influence prépondérante dans le département, au Conseil Général, —surtout dans la presse, en mettant le pied droit dans l'**Indépendance** et le pied gauche dans l'**Armorique**. Et, comme moi aussi, il préférait les royalistes même absolus à ces césariens.

Un peu de haine personnelle perçait bien dans les appréciations de M. Cleiftie ; mais, au fond, ses griefs étaient fondés et il en ressortait que MM. de Launay, étant les têtes de la réaction, c'était eux qu'il fallait viser et atteindre.

Je débutai par deux articles en réponse aux « Lettres » que publiait l'**Indépendance** et j'en désignais suffisamment l'auteur présumé en déniant « à un ancien préfet de l'Empire le droit de se poser en censeur d'un fonctionnaire de la République ». Bien que, bruyamment, on eût annoncé que longue en serait la série, ces « Lettres » cessèrent presqu'aussitôt.

Ce premier succès anima à la lutte M. Cleiftie plus encore que moi.

Battu par le candidat républicain dans le canton de Tréguier, lors du scrutin pour le Conseil Général, M. Louis Le Provost de Launay avait demandé au Conseil d'Etat l'annulation de l'élection. Afin d'établir les faits sur lesquels il basait son action, il fit recueillir, au bas de diverses attestations, des signatures d'électeurs. Plusieurs des agents chargés de cette besogne difficile étaient signalés comme en ayant obtenu un certain nombre subrepticement. Je publiai, et commentai les faits dans un article qui parut le 14 décembre. Il piqua au vif celui que je provoquais, car il prit sans tarder sa plume la plus pointue pour m'écrire une lettre dans laquelle, donnant un « démenti » sans preuves aux renseignements qui m'avaient été fournis, il **présumait** que je voudrais bien ajourner toute attaque contre lui jusqu'à ce que le Conseil d'Etat eût statué.

Cette lettre — je prie qu'on remarque ces détails — était adressée « au Directeur du **Patriote** » et, bien que datée de « Paris, 16 décembre », elle ne fut remise à mon bureau que le 17 au soir, par la dernière distribution.

Le lendemain, le « Rédacteur en chef » recevait celle qu'on va lire et sur laquelle j'appelle tout particulièrement l'attention :

CHAMBRE DES DÉPUTÉS,

Paris, le 17 Décembre 1883.

Monsieur Moulnier, rédacteur du *Patriote*, St Brieuc.

Mon Cher Rédacteur.

Vous recevrez *ce soir une réponse de M. Le Provost de Launay à l'article relatif à l'élection de Tréguier,* qui a paru il y a quelques jours.

Je vous engage à *insérer sa réponse sans commentaire,* car M. de Launay possède des pièces qui infirment au moins en grande partie les rapports du Commissaire de Police.

Je crois que *nous avons intérêt à ne pas continuer une polémique* dans laquelle nous risquerions d'avoir le dessous.

Ainsi il est bien entendu que *vous vous bornerez à insérer* la lettre de M. Louis de Launay *sans aucun commentaire* et que *vous ne soufflerez mot de l'élection de Tréguier* avant que je ne vous aie vu.

Votre bien dévoué,

L. ARMEZ.

L'article auquel répondait M. Louis de Launay était signé de moi et sa réponse fut bien envoyée au « Directeur ».

M. Armez adresse sa lettre « à M. Moulnier rédacteur du **Patriote** » et ne s'occupe pas plus du Directeur que s'il n'existait pas.

Commandant, — croyant pouvoir commander au **Patriote** comme par le passé, il défend de faire telle chose et ordonne d'en faire telle autre jusqu'à avis contraire !

Le « Rédacteur », en recevant cette lettre, pensa qu'il ne pouvait se prêter à la supercherie de M. Armez et, très loyalement, il me la fit aussitôt parvenir.

On doit comprendre quelles réflexions elle m'inspira; j'adressai immédiatement à M. Armez la dépêche que voici :

Armez, Député, Chambre des Députés, Paris.

Le Rédacteur me communique votre lettre qui ordonne insertion sans commentaire de la lettre de M. de Launay. Il n'en sera rien fait; la lettre paraîtra avec les commentaires qu'elle comporte. Vous oubliez trop l'autorité et la responsabilité du Directeur.

'LE NORDEZ.

Il en fut fait comme je le voulais et—contrairement à mes prévisions — M. Armez prit très bien la chose; répondant à mon télégramme, il m'écrivit :

L'explication de ma conduite est bien simple. Sachant que la lettre de M. de Launay avait douze heures d'avance sur la mienne, j'ai craint d'arriver en retard ; vous pouviez être sorti et je ne supposais pas, d'ailleurs, que l'insertion pût être refusée, M. de Launay ayant été nommé dans votre article et l'usage étant de laisser pleine liberté de réponse.

La simplicité de cette explication doit mettre fin au malentendu.

Il fallait, en effet, à M. Armez beaucoup de « simplicité » pour penser que cette explication mettrait fin au « malentendu ».

Et, d'abord, comment M. Armez savait-il que M. L. de Launay répondait à mon article, que sa réponse était partie « depuis douze heures » et qu'elle m'arriverait « le soir » ?

L'explication est ici « bien simple » ; M. de Launay avait évidemment avisé M. Armez de l'envoi et du contenu de sa lettre.

Il est, d'autre part, un fait frappant : la lettre de M. Armez semble calquée sur celle de M. L. de Launay.

Comme ce dernier, M. Armez déclare erronés

les renseignements officiels d'après lesquels
mon article avait été rédigé. Sur quoi base-t-il
ce jugement ? Sur des pièces que M. de Launay
lui a communiquées.

Comme M. de Launay, M. Armez juge que
ces pièces « infirment » les assertions du
commissaire de Police et les déclarations recueil-
lies par lui.

Comme M. de Launay, M. Armez, de-
vançant les décisions du Conseil d'Etat, con-
damne, le Préfet, le parti Républicain et son
candidat, le **Patriote** et son directeur !

M. Armez, comme M. de Launay, « présume »
que toute attaque et toute polémique vis à vis de
ce dernier cesseront dans le **Patriote** !

Vraiment, M. de Launay, après avoir écrit sa
lettre, eût dicté celle de M. Armez qu'elle ne
serait pas conçue en d'autres termes.

En effet, ce n'était point du tout — comme il
le dit avec « simplicité » — pour obtenir 'n-
sertion de la réponse de M. de Launay que M.
Armez adressait au « Rédacteur » la lettre ci-
dessus . M. de Launay savait aussi bien que
moi que la loi — et non « l'usage » — consa-
cre le droit de réponse. Mais la loi laisse, pour
l'insertion, un délai de trois jours ; M. Armez
n'avait donc pas à craindre « d'arriver en retard ». Son empressement ressemble fort à de
la « sollicitude » pour les intérêts de M. de
Launay.

Ce que réellement il craignait, c'était d'arriver trop tard pour empêcher les « commentaires » que comportait la réponse de ce
dernier. L'insistance avec laquelle M. Armez recommande de n'en faire aucun le prouve

surabondamment.

Que M. de Launay désirât vivement voir cesser une campagne qui s'annonçait comme devant être vive, on le comprend sans peine ; mais quelles raisons portaient M. Armez à imposer à l'organe de son parti l'humiliation de recevoir « sans souffler mot » un démenti de M. de Launay ? Et si ces raisons étaient sérieuses, comment « M. Armez put-il, après mon télégramme, les abandonner de si piteuse façon ?

Un « malin » auquel je posais ces questions, me répondit : « M. Armez n'a écrit que pour donner pleine et entière satisfaction à M. de Launay. Votre réponse lui a ensuite permis de se laver les mains de ce que vous publierez désormais. En revendiquant l'autorité, vous lui retirez la responsabilité. Votre dépêche lui servira de plastron et il en sera quitte pour vous désavouer. De cette façon, il ne sera plus inquiété par MM. de Launay ».

Ce fut en vain que je demandai comment M. Armez pouvait être « inquiété » par ces derniers, et quel mystérieux moyen ils avaient de... l'hypnotiser.

Le Conseil d'État ayant annulé l'élection du canton de Tréguier, les électeurs furent convoqués de nouveau. Pensant avoir alors mes coudées franches, j'engageai contre M. Louis de Launay une lutte « désespérée ». Je dépassai la mesure, j'en conviens ; mais comme mon adversaire mit autant d'ardeur dans ses ripostes et que je reçus pour le moins autant de horions que j'en distribuai, nous sommes quittes.

La victoire resta à M. de Launay et je subis le **Vae Victis**.

L'**Indépendance** et l'**Armorique**, tout en se disputant la meilleure part du triomphe, affirmèrent que j'avais grandement contribué au succès de leur candidat. Etrange façon de rehausser leur succès que de l'attribuer aux fautes de leur adversaire.

Dans le **Trécorrois**, M. de Launay se donna le peu noble plaisir d'insulter le vaincu, — ce qui prouvait plus de rancune que de reconnaissance, — et tout aussitôt le copiant encore, M. Armez me lança « le coup de pied de l'âne ».

Je cite textuellement pour ne pas être soupçonné d'atténuer ou de tronquer l'expression de sa pensée :

Il faut que je vous communique une conversation que j'ai eue avec un collègue fort au courant des choses des Côtes-du-Nord.

— Nous causions de la situation et le nom de M. Le Provost de Launay étant venu sur le tapis (!) mon collègue me dit qu'il me devrait une fameuse chandelle, parce que je lui faisais de la réclame dans mon journal, (car tout le monde appelle le **Patriote** mon journal).

— Comment cela, répondis-je ?

— Mais, en l'attaquant toujours ! Vous lui donnez plus d'importance qu'il n'en avait.

Il résulte pour moi de cette conversation que M. de Launay est plus flatté qu'agacé de vos articles, parceque n'attaquant que lui et toujours lui, vous faites de lui l'homme important, le chef du parti conservateur dans les Côtes-du-Nord.

En voulant combattre l'influence de M. de Launay, prenons garde de lui faire un piédestal.

Quel était le « collègue » si fort au courant des choses des Côtes-du-Nord ? M. le duc de Feltre, peut-être ? L'entretien n'en serait que plus piquant ; mais, en me le rapportant, M. Armez avait un but. On ne pouvait guère me dire plus sournoisement que j'avais compromis cause que je prétendais servir.

Je voulus sans tarder mettre les membres du

parti républicain, et plus particulièrement les
actionnaires du journal, en demeure de se prononcer sur la campagne que je venais de mener.

Les adresses les plus flatteuses, les lettres les
plus encourageantes me furent adressées de
tous les points du département et le conseil
d'administration du Patriote publia dans ses
colonnes une note m'exprimant son entière approbation, sa confiance unanime.

Le surlendemain de cette publication, M. Besnier recevait une lettre par laquelle M. Armez
donnait sa « démission officielle de président
du conseil », démission motivée sur ce qu'on
avait « présumé » de son adhésion au contenu
de la note insérée.

Craignant que cette décision fût par moi
« considérée comme un désaveu », M. Armez
m'adressait, d'autre part, une lettre qui est un
modèle de platitude cauteleuse et qui se résumait dans cette phrase : « Ce ne sont pas les
félicitations qu'on vous adresse que je désavoue,
mais la publicité donnée à leur expression ».

Je ne fus pas peu surpris de voir, huit jours
après, M. Armez venir présider la séance men-
suelle du Conseil, sans faire, d'ailleurs, la moindre allusion aux faits que je viens de relater.

Que pouvait bien signifier cette comédie ?

N'étais-je pas et ne suis-je pas encore autorisé à penser que la lettre de démission, — officiellement adressée à M. Besnier et tout aussitôt
tenue pour nulle et non avenue, — n'avait été
écrite par M. Armez que pour passer sous les
yeux de M. Louis de Launay à titre de désaveu
personnel tant de mes polémiques que de l'approbation publique qu'elles recevaient ?

Quelle autre explication peut-on donner de l'attitude plus qu'équivoque de M. Armez ? Je défie qu'on en trouve une autre plausible, de même que, de tout ce qui précède, il est impossible de ne pas conclure que M. Armez avait, pour ménager M. Provost de Launay, des raisons à ce point impérieuses qu'elles lui ont fait mettre en complet oubli et les intérêts de son parti et sa propre dignité.

De sa dignité, je n'ai cure ; chacun de nous est juge et gardien de la sienne propre.

Mais il n'en est pas de même des intérêts d'un parti.

Les partis sont des armées ennemies ; car la politique n'est pas autre chose qu'une lutte incessante entre des hommes qui ont des principes de gouvernement opposés et pour chacun desquels le patriotisme consiste à en assurer le triomphe. Celui qui, dans un intérêt personnel ou par pusillanimité, déserte le combat est d'autant plus coupable qu'il occupe dans son parti un rang plus élevé.

Dans toute guerre, ce sont les chefs qu'il faut viser, parce que sans eux une armée se débande et se fait battre. Or, de l'avis de tous, MM. de Launay étaient les chefs de l'opposition dans ce département et, si le représentant du gouvernement les tenait pour des « ennemis », les membres les plus autorisés du parti Républicain trouvaient en eux des adversaires redoutables.

C'est une étrange théorie stratégique que de prétendre vaincre sans combattre ! Non, on ne fortifie pas un adversaire en l'attaquant ; si on l'attaque c'est qu'il est fort.

Pourquoi donc M. Armez, ce « chef » de l'armée Républicaine, s'opposait-il à ce que le **Patriote** attaquât MM. de Launay ?

Les rôles étaient, en vérité, singulièrement intervertis.

Alors que moi, nouveau venu dans le camp Républicain, je tirais sans compter les coups, — au risque d'atteindre mes amis de la veille en visant leurs nouveaux chefs, — celui qui eût dû livrer et diriger la bataille parlementait avec ceux-ci ! Pendant que, humble clairon, je sonnais la charge, M. Armez faisait abaisser les armes et le drapeau ! On manœuvrait et l'on tirait dans le camp ennemi ; lui, dans le sien, donnait l'ordre de se tenir coi et de « ne pas souffler mot ». Sans s'être battu, il livrait la place et ses défenseurs !

Il n'y a rien de forcé, rien d'exagéré dans cette métaphore.

Les lettres de M. Armez sont précises ; les faits sont patents ; la conséquence est inéluctable et tout commentaire serait superflu.

Au dire de ses meilleurs amis, M. Armez, en agissant de la sorte, obéissait moins à des raisons qu'à des **craintes**, à des calculs qu'à des **menaces**.

Il n'y a pas huit jours, un homme qui peut mieux que qui que ce soit bien connaître le passé, les sentiments et les actes de M. Armez, me donnait, à ce sujet, comme beaucoup trop vraies, des histoires que, d'ailleurs, tout le monde raconte... en secret.

Je n'en ferai ni la relation ni l'appréciation ; le rôle de délateur m'est odieux et celui de juge ne m'appartient pas. Autant mon indépendance est entière pour scruter la vie publique, autant ma discrétion est absolue en ce qui touche la vie privée.

Mais j'ai le droit de m'adresser à M. Armez et de lui dire :

« Ces récits, auxquels je fais allusion, vous les connaissez, car n'importe où vous alliez on les chuchote à vos oreilles pour vous faire entendre qu'on les sait. S'il est difficile d'admettre que vos adversaires politiques s'en fassent contre vous une menace, un « chantage », je vous affirme que, dans le parti Républicain, ils entretiennent des suspicions fâcheuses pour vous, des divisions nuisibles à son influence. Comment laissez-vous se prolonger une situation aussi fausse? Pourquoi n'y mettez-vous pas fin? De deux choses l'une : Ou bien les faits qu'on vous impute sont faux et votre devoir, comme homme politique tout au moins, est de les réduire à néant par des déclarations aussi publiques que péremptoires. Ou bien ces faits sont vrais et alors, au lieu de briguer des mandats électifs, vous devriez les fuir ; bien loin de livrer votre personnalité à l'opinion publique, à l'investigation, à la discussion, il serait prudent à vous de vous cadenasser dans la vie privée dont personne, sauf la justice, n'a le droit de franchir les murs et de scruter les secrets. Par votre silence, vous compromettez la cause dont vous vous dites l'apôtre et le parti dont vous vous croyez le chef. Pour la considération de cette cause, pour l'avenir de ce parti, il faut que la lumière se fasse, et que l'on sache si, derrière ces voiles sombres, il y a un fantôme ou une réalité. Cette lumière, faites la sinon d'autres la feront.

Si, au moment des élections au Conseil Général, M. Armez n'a point suivi le conseil que loyalement je lui donne ici, s'il n'a pas confondu ses adversaires et rassuré ses partisans, je l'avertis que je prendrai un moyen de l'y contreindre.

C'est tout ce que, en ce moment et dans ces **Lettres**, je peux et veux dire.

E. LE NORDEZ.

COUPS DE GARCETTE

LETTRES

R LA SITUATION DU PARTI RÉPUBLICAIN

DANS LES COTES-DU-NORD

PAR

E. LE NORDEZ

8ᵐ LETTRE

DITEUR : **PETITET-COUVREUX**, rue des Jacobins

A POITIERS

8me LETTRE

12 Août 1887

CHERS LECTEURS,

Ce n'est point, vous l'avez tous bien compris, pour vous apitoyer sur mon sort que je vous conte les « misères » que n'a cessé de me faire la coterie pendant que j'ai vécu dans la peu agréable compagnie de ses membres. Quand je me suis jeté dans ce guêpier, je devais m'attendre à des désagréments et, si je m'en plaignais, on pourrait, en guise de condoléances, me chanter le refrain populaire :

C'est bien fait,
Fallait pas qu'y aille.

Mais, pour démontrer au parti républicain que son inpopularité, son impuissance, sa situation plus que précaire dans ce département sont le résultat des agissements de ceux qui se sont constitués ses chefs, le plus sûr argument n'est-il pas de relater en quelles occasions j'ai pris tel ou tel d'entre-eux en flagrant délit d'intrigue et de duplicité ?

A la suite de ma campagne contre M. L. de Launay, il ne me vint de Guingamp aucune lettre d'approbation, aucune marque de sympathie. Alors que, de partout ailleurs, on m'exprimait une entière confiance, pareil silence équivalait à un acte de méfiance. En pareil cas, l'abstention indique l'hostilité.

Quel pouvait être le grief des Républicains de Guingamp contre moi? Je pense que s'ils l'avaient cru sérieux et fondé, ils me l'eussent fait directement et franchement connaître. Au contraire, ils colportaient leurs récriminations, comme on le fait d'une calomnie.

En même temps, pour mieux me «jouer», ils m'assuraient de leur amitié.

Vers ce temps, en effet, je reçus de M. Riou, une pressante invitation de venir passer une journée à Guingamp ; ses amis, m'affirmait-il, étaient très désireux de me connaître et de m'entretenir. J'acceptai... et je revins stupéfait. En réalité, j'étais allé subir un interrogatoire devant des inquisiteurs cherchant à m'arracher un mot compromettant;... ce mot avec lequel on peut toujours faire pendre un homme. Rendu prudent par leurs allures singulières, je parlai peu, (contrairement à mon habitude, je l'avoue).

Quelques jours plus tard, comme je communiquais aux membres de mon conseil la mauvaise impression que j'avais rapportée de cette visite, je vis MM. Besnier et Meunier échanger un coup d'œil qui exigeait une explication; voici ce qu'ils m'apprirent.

Les « Guingampais » étaient d'avis que mes polémiques à propos de M. de Launay emcombraient inutilement les colonnes du **Patriote**; mais c'étaient moins ces polémiques en elles-mêmes qu'ils réprouvaient que les raisons qui, d'après eux, me les avaient fait engager. A leur avis, l'intérêt du parti n'y était pour rien. J'a-

vais fait de l'organe de ce parti le « journal officieux de la Préfecture, moyennant certaines
faveurs » ! J'avais vendu le **Patriote** à la per-
sonnne même de M. Cleiftie !

La chose ayant été dite un peu haut — après
boire — dans un café de Saint Brieuc, quelqu'un
avait demandé sur quoi cette grosse accusation
reposait et M. Le Masson s'était chargé d'en
prouver le bien fondé.

Mirabile dictu !

« J'approuvais, avec un scandaleux parti-pris,
tout ce que faisait et disait M. Cleiftie, qui n'é-
tait qu'un autocrate, un autoritaire ! En prenant la défense de ses actes, souvent blâmables
et parfois arbitraires, je laissais croire qu'ils
avaient le concours ou tout au moins l'approbation du parti Républicain et, comme il s'en
fallait de beaucoup, je comprommettais ce
parti ! »

Puis, se « hérissant » jusqu'au lyrisme, il
avait ainsi conclu : « Le **Patriote** est l'organe
de citoyens indépendants et non de courtisans ;
son devoir n'est pas d'approuver de parti-pris
et d'encenser servilement, mais de contrôler sévèrement et de critiquer tout ce qui peut l'être.
Le Préfet, les sous-préfets et tous les fonctionnaires relèvent de l'opinion publique et par
conséquent des journaux. Il faut le leur prouver. »

Je ne sais pas où M. Le Masson avait copié
et appris cette tirade là, mais elle trace en
heureux termes les devoirs de la presse, tels que
je les comprends. Contrôler? Critiquer? C'est
mon fort ! Cependant — quoiqu'on m'ait reproché souvent au **Patriote** de m'occuper

beaucoup trop de ce qui ne me regardait pas —
je crois qu'il y a contrôle et contrôle, critique
et critique, comme il y a, d'après Molière, « fagots,
et fagots ».

Il paraît que certains Républicains de Guingamp, afin de « contrôler » l'Administration
sous-préfectorale, avaient jadis pris l'habitude
de s'établir en permanence dans les bureaux,
pour recevoir, ouvrir et lire les correspondances
officielles, dicter les réponses à faire et les résolutions à prendre, pendant que, roitelet fainéant
dont ils étaient les « Maires du Palais », le Sous-
Préfet d'alors se « baladait » en quête de beaux
sites ou de gais festins, de jeunes minois ou de
vieux bibelots.

M. Cleistie n'admettait pas ce contrôle là et
l'on m'a assuré que c'est en prenant des mesures pour le rendre impossible qu'il s'était
attiré l'opposition de certains Républicains de
Guingamp.

Quant à moi, je ne me sentais, pour « contrôler »
de cette façon, ni goûts ni aptitudes.

Je ne prétends pas du tout que, en soumet-
tant l'administration de M. Cleistie à un examen
impartial, on ne pût relever des actes donnant
prise à des critiques. Les journaux de l'opposition se chargeaient de les faire et, dans le Patriote, je crois n'avoir défendu que ce qui
pouvait l'être à bon escient. Quand au reste, le
silence me paraissait un blâme suffisant. J'ai
pu pousser loin la bienveillance, mais jamais
jusqu'à la servilité.

Pour ce qui est des « faveurs », je n'en ai
pas plus demandé que reçu ; mais, puisque le
mot de « vendu » a été maintes fois prononcé,

je dois dire que si, comme je le crois, il peut
être appliqué à quelqu'un du **Patriote**, ce
n'est point à moi. On ne tardera pas à en trouver, dans mes **Lettres**, des preuves très édifiantes.

Mais ai-je donc besoin, maintenant, de me
défendre contre les accusations que la coterie
avait chargé M. Le Masson de colporter sur mon
compte ?

Il s'est, depuis lors, présenté une circonstance
dans laquelle mes accusateurs ont eux-mêmes
établi la mauvaise foi de leurs griefs et la
loyauté de ma conduite.

Cette circonstance, je la veux dire ici, bien
que, chronologiquement, elle ne dût l'être que
plus loin.

Lorsque M. Cleiftie quitta le département, les
rares républicains qui lui étaient hostiles, voulant manifester leur joie, s'empressèrent autour de son successeur. Ils ne tardèrent pas à
s'y trouver en compagnie des plus ardents adversaires du gouvernement qui, eux, surent
très habilement circonvenir le M. Prud'homme,
méridionalement nommé Cavé-Esgaris.

Celui-ci ne péchait pas, comme son prédécesseur, par excès de dignité ! Affalé dans un
fauteuil trop étroit pour sa rotondité, il vous
regardait béatement de ses deux yeux ternes,
trop gros pour leurs orbites; d'une voix che-
vrotante et avec un « éccin » indéfinissable, il
vous faisait tout de suite des confidences, des
protestations d'amitié, des dissertations politico-
administratives, coupées de calembours et de
lieux communs, qui finissaient par vous
abrutir.

— Mon « Cèr », me dit-il, il faut ' que je
vous lise ma « proclamation », (c'était la lettre
circulaire qu'il adressait aux maires pour sa
prise de possession) ; mais, auparavant, je vais
vous faire voir ma politique en tableau. (**Textuel**).

Et, me conduisant dans ses appartements, il
me montra, richement encadrée et suspendue
en belle place, une aquarelle qui me parut une
spirituelle et mordante charge.

Deux hercules en maillots, l'un rouge et
l'autre bleu, raidissant une corde sur laquelle
se tenait en équilibre un Monsieur vêtu d'un
uniforme préfectoral et s'aidant d'un balancier
de danseur aérien, telle était la composition.

Au dessous de l'hercule rouge, le nom d'un
député radical des Landes, M. Loustalot; au-
dessous de l'hercule bleu, le nom du bonapartiste
M. de Guilloutet ; au dessous du « danseur » le
nom de M. Cavé-Esgaris et, sur le balancier,
ces mots ! « L'Union fait la force ».

— Voilà ma politique ! me dit M. le Préfet,
avec autant d'emphase que de satisfaction.

J'étais abasourdi, mais très édifié. . . . . .

Quelques jours plus tard, chez M. Armez,
M. Cavé-Esgaris définissait sa politique par une
« parabole » non moins « frappante » que le
susdit tableau.

« J'avais, dit-il, dans le jardin de la Préfecture de Mont-de-Marsan, un arbre qui donnait
des amandes d'abord et plus tard des pêches.
J'offrais les unes aux Républicains, les autres
aux réactionnaires et cet arbre était l'emblème
de mon administration conciliante ».

Personne ne comprit; mais l'adjoint de Plourivo — un pince sans rire — déclara que « ces arbres là ne réussiraient pas dans ce pays-ci ».

Les faits lui ont donné raison, ainsi qu'à moi qui pensais de même.

Je réserve pour plus tard le récit et l'appréciation des faits relatifs à la laïcisation de l'école de Plouha, qui m'amenèrent à formuler contre M. Cavé-Esgaris un blâme que l'opinion publique ratifia.

Pour le moment, il me suffit de constater que, dès le début, les actes de ce Préfet reçurent, de la part des journaux de l'opposition, une approbation qui dispensait le **Patriote** de les critiquer et lui interdisait de les approuver.

Quand le « représentant du Gouvernement » méritait la confiance de l'**Indépendance Bretonne** et recherchait ses éloges, l'organe des Républicains pouvait-il, devait-il applaudir ?

Parmi ceux-ci quelques uns répondirent : Oui !

Et ce furent les « Guingampais » !

Vous avez bien lu ?

J'ai dit qu'il suffisait d'adopter l'opinion de M. Le Masson pour l'en faire changer.

Du jour où je parus vouloir mettre en pratique ses doctrines sur l'indépendance du **Patriote** vis-à-vis de l'Administration préfectorale, lui et ses amis poussèrent les hauts cris et, partout, s'en furent répétant que, dans un département où la réaction dominait, c'était trahir le gouvernement et le parti de la République que de « lâcher » le Préfet quoiqu'il fît !

J'avais trahi en prenant la défense de M. Cleiftie, je trahissais en ne prenant pas celle de M. Cavé-Esgaris ! Après m'avoir accusé de ser

vilisme, on m'accusait de rébellion ! On avait
jadis incriminé mon dévouement, maintenant on
incriminait mon indépendance !

D'aussi écœurantes contradictions disent
suffisamment la... bonne foi de mes détracteurs !

Aussi bien le procès de M. Cavé-Esgaris n'est-
il plus à faire. Quand le gouvernement, en le
retranchant de son personnel préfectoral, lui a
retiré sa confiance, il y avait longtemps qu'il ne
possédait plus celle du parti Républicain et ces
messsieurs de Guingamp, bien que restés ses
courtisans, n'ont pas osé manifester pour lui la
moindre sympathie. L'attitude que j'avais prise
vis-à-vis de lui est donc maintenant plus que
justifiée. En vérité, j'ai eu trop complètement raison contre lui et contre ceux qui
l'ont soutenu pour ne pas me trouver suffisamment vengé du mal qu'ils ont dit de moi, comme
de celui qu'ils ont voulu me faire.

Je n'en dois pas moins suivre jusqu'au bout
les intrigues par lesquelles leur acrimonieuse et
odieuse opposition s'est traduite.

Au mois de Mai, j'avais reçu de M. Riou,
la demande d'une conférence pour le 14 juillet.
Je serais tombé dans un piége, car on n'y
préparait, — je le sus plus tard, — tout l'opposé d'une ovation.

Vers la fin de juin, je me rencontrai avec
M. le sous-préfet de Guingamp et, dans un
entretien où je crus à une réciprocité absolue
de loyauté, il me dit tenir essentiellement à
dissiper le « malentendu » qui seul pouvait
dicter aux Républicains de sa sous-préfecture
la méfiance qu'ils me montraient.

Il m'avoua — ce dont je me doutais bien — que les griefs tirés de mes rapports soit avec l'ancien, soit avec le nouveau Préfet, n'étaient pas les vrais. On me prêtait un plan machiavélique. En dirigeant l'organe du parti. je visais à diriger le parti lui-même, de façon à faire de ceux que je semblais servir les instruments de mes ambitions électorales ! !

En d'autres termes, la coterie m'attribuait ses propres intrigues. Rien , dans ma conduite, n'autorisait à me prêter des « ambitions électorales » ; mais il paraît que de maladroits amis en avaient eu pour moi.

Dans une lettre du 9 juillet, M. Armez écrivait à quelqu'un qui lui reprochait son attitude à mon égard: « On me représente M. Le Nordez comme un rival dangereux ». Je me rappelai alors avoir reçu du même M. Armez, plusieurs mois auparavant, un « mot confidentiel » relatif à une démarche qui aurait été faite auprès de lui « dans le but de l'amener à donner sa démission de Conseiller Général du canton de Paimpol, pour me faire élire à sa place et se présenter, lui, dans le canton Nord de Saint-Brieuc, où une élection était imminente ». Je pris ce projet ridicule pour une plaisanterie et n'y vis qu'un bavardage sans valeur comme sans fondement. Il n'en fit pas moins son chemin et, six mois plus tard, il fournissait à mes détracteurs un élément de calomnie.

Ma réponse à M. le le Sous-Préfet de Guingamp fut telle que, en me quittant, il me dit : « Si vous m'autorisez à répéter tout ce que vous venez de me confier à M. Riou et à ses amis, je vous donne ma parole que l'appui le plus dévoué fera place à l'hostilité qu'ils vous montrent. »

Non seulement, je donnai cette autorisation, mais j'offris spontanément d'écrire et de signer les déclarations que je venais de faire afin qu'elles fussent assez « bien entendues » pour dissiper tout « malentendu ».

La lettre suivante dira ce qu'il en advint.

Paris, 1ᵉʳ novembre 1881.

Monsieur,

Je m'intéresse vivement à tout ce qui touche le parti républicain des Côtes-du-Nord et, si je n'ai pas l'honneur de vous connaître personnellement, ce que vous avez fait et écrit au *Patriote* vous a gagné mes vives sympathies. Pour vous les prouver, laissez-moi vous avertir des dangers qui vous menacent et des chausse-trapes qu'on vous tend.

En septembre dernier, je voyageais avec les chefs du parti républicain d'une de nos sous-préfectures ; un jeune Monsieur, qui occupe de hautes fonctions dans cette sous-préfecture, les accompagnait.

Quelqu'un ayant annoncé la « nouvelle probable » de votre départ de Saint-Brieuc, ces Messieurs manifestèrent hautement leur satisfaction et comme je m'étonnais, j'entendis raconter sur votre compte des histoires insensées. On vous prêtait les projets les plus machiavéliques, dont le but était de vous constituer le grand maître du parti, après avoir mis à terre tous ceux qui gênaient votre ambition.

Dans tout cela, il me parut y avoir plus de passion que n'en comporte la sincérité, plus de haine que n'en admet la justice et ces Messieurs me donnèrent la conviction que leur grand grief contre vous était de ne pouvoir vous amener à servir leur coterie.

Hélas ! que nous en avons vu se succéder de journalistes républicains à la tête de nos pauvres journaux de Saint-Brieuc ! La plupart sans doute étaient d'une rare médiocrité ; j'en ai pourtant connu quelques uns qui eussent été à la hauteur de leur mission, si les maudites divisions que parmi nous engendrent de sottes variétés personnelles ne leur avaient rendu la situation intolérable.

Mais, détail typique, savez-vous ce qu'on leur reprochait à tous ? Ils étaient les hommes d'une coterie !

Et maintenant ces mêmes démocrates vous combat-
tent, vous diffament et veulent vous « démolir » parceque, pour servir le parti, vous résistez aux coteries
comme aux convoitises personnelles !

Vous ne pouvez pas honorablement fuir devant eux.
Allez, au contraire, au devant de leurs calomnies idiotes et faites bonne justice de leurs futiles griefs.

Je ne me crois pas autorisé à donner le nom
du signataire de cette lettre ; mais si son style
indique un homme instruit, ses appréciations
décèlent autant de jugement que de droiture.

Il n'est pas besoin de mettre des points sur
les I de sa lettre ; c'est bien des « chefs du parti
républicain » et du sous-préfet de Guingamp
qu'il s'agit.

Pour ce qui est de ce dernier, rien n'indiquait qu'il eût fait chorus avec mes « déprécia-
teurs » et je voulais croire que, après notre
entretien, après mes déclarations et ses engagements, il comprendrait que les convenances
tout au moins lui imposaient vis-à-vis de moi
une réserve absolue. Je me trompais; jusqu'à la
fin, j'ai retrouvé ce Monsieur, non seulement
pour mes adversaires, mais à leur tête. Que,
comme « **sous-préfet** », il se soit cru obligé
de servir M. Cavé-Esgaris jusqu'en ses fautes et
même en ses haines, c'est un excès de zèle qui
l'exposait à partager les responsabilités et la
disgrâce de son chef. Mais rien ne peut expliquer ou pallier sa complicité dans les agissements de MM. Riou et Le Masson, agissements
qui, par eux-mêmes m'offensant gratuitement,
n'avaient même pas un but avouable pour excuse. Car, ici, la fin ne justifie pas les moyens.

Combien le signataire de la lettre qu'on vient

de lire était, en effet, dans le vrai en écrivant que le grand grief de ces messieurs contre moi était de ne pouvoir m'amener à **servir leur coterie** ! Or, qui dit coterie dit **intrigues** et ce mot là résume la fin et les moyens de mes adversaires.

Mon correspondant n'avait pas moins raison en ajoutant que je ne pouvais pas fuir honorablement devant eux ; et voulant, selon son sage conseil, faire bonne justice des mauvaises querelles qu'on me cherchait, je publiai un article dans lequel, groupant les griefs colportés contre moi, j'opposais à chacun d'eux des déclarations loyales qui n'en laissaient rien subsister.

Ayant affirmé que si jamais quelques uns de mes amis faisaient la faute de songer à moi pour une candidature quelconque, j'avais des raisons majeures pour ne pas commettre, moi, la faute de déférer à leurs vœux irréfléchis, il devint difficile ensuite de parler encore de mes « ambitions électorales. »

Il fallut chercher des prétextes à d'autres récriminations. Chaque ligne de mes articles, chaque mot de mes conférences, et la moindre de mes démarches en fournirent aussitôt.

Dans une critique impersonnelle de certaines décisions de la municipalité de Saint-Brieuc, on vit un parti pris de dénigrer le Maire ! Si, dans les faits divers, je mentionnais des risques nocturnes, c'était pour déconsidérer la police ! Pour avoir regretté certains passages d'un réquisitoire du procureur M. Drouard, je fus accusé d'outrages à la magistrature républicaine ! Quand, à la suite de deux accidents graves aux exercices de tir, je réclamais la présence de l'un des médecins militaires, en rappelant à ceux-ci qu'ils se devaient à leurs hommes avant de courir après la clientèle civile, on me présentait comme cherchant à ruiner la discipline dans l'armée, à déconsidérer ses chefs et à exciter contre eux les soldats !

Les procès qûe M. Viet-Dubourg m'intenta, pour l'avoir attaqué à l'instigation et au profit de M. Pradal et de ses amis, furent une excellente aubaine pour mes inquisiteurs !

Enfin, brochant sur le tout, ils ravivèrent l'affaire de l'école de Plouha, que le Préfet et le sous-Préfet de Guingamp envenimaient par des arguments captieux qui ne laissaient pas que de troubler mes plus fermes amis

« Nous voici, disaient-ils, à la veille des élections sénatoriales ; bien uni et avec l'appui énergique de l'administration, le parti républicain aurait des chances de succès. La présence de M. Le Nordez à la tête du **Patriote** les lui font perdre en divisant ce parti et en condamnant l'administration à l'inaction. »

Les excellents Guingampais trouvèrent mieux encore ; ils firent entendre qu'ils refuseraient et engageraient leurs amis, actionnaires du journal, à refuser de verser le 3ᵉ tiers sur leurs titres, ne voulant pas que leur argent servit à combattre leurs intérêts et leurs idées !

M. Armez affectait de prendre tout cela au sérieux et, dans des lettres pressantes autant que nombreuses, il me suppliait de « conjurer ces désastres en faisant la paix avec le Préfet. »

Me montrer intransigeant eût fait retomber sur moi les responsabilités les plus grosses, celles de l'échec — déjà certain — des républicains

aux élections sénatoriales, peut-être aussi celle
de la dislocation de la société du **Patriote**.

Une preuve éclatante d'abnégation personnelle pouvait, au contraire, confondre mes ad-
adversaires. Je n'hésitai pas et je préparai
un article qui fut soumis à l'avis des membres
du Conseil d'administration.

En le retournant à M. Besnier, M. Armez lui
écrivait :

« Je n'aurais pas osé demander à M. Le Nordez
un sacrifice tel que celui qu'il a dû s'imposer
en écrivant cet article. »

D'autre part, il m'informait personnellement
qu'il avait vu M. Riou et que celui-ci me
réservait le meilleur accueil, « lorsque l'article
projeté aurait paru ».

Mais, en même temps, M. Armez chargeait
M. Meunier d'une « commission » pour M. Cavé-
Esgaris. J'en copie les termes dans la lettre
même :

« Il faut que nous ayons la certitude que l'article produira sur le Préfet l'impression favorable
que nous désirons et, pour avoir cette certitude
vous ferez bien de lui en soumettre les
épreuves. »

La « commission » fut faite et le Préfet
demanda « à réfléchir ». Aussitôt mandés par
dépêche, le Sous-Préfet de Guingamp et MM.
Riou et Le Masson conseillèrent au Préfet
d'éxiger plus qu'on ne lui offrait. « Une rétractation ne suffit pas, dit M. le Sous-Préfet, il
faut des excuses. » Et M. Riou ajouta, en
parlant de moi : « Il faut l'aplatir puisque
nous le tenons. »

Le lendemain, le Secrétaire Général, obligeant

négociateur, rapporta l'article avec des corrections réellement « applatissantes » pour l'organe du parti républicain. Je refusai de les « endosser » et malgré l'opposition de M. Besnier, qui ne voulait pas « tendre la joue à un pareil soufflet », M. Meunier, d'après l'avis de M. Armez, fit paraître l'article sous le couvert et la responsabilité du « conseil d'administration. »

Ce n'était pas ce que voulaient les auteurs de ce piteux complot. En me visant, ils avaient atteint leur parti à la tête et au cœur.

C'est alors qu'ils résolurent de prendre leur revanche dans l'Assemblée Générale annuelle des actionnaires.

A leurs accusations contre moi, ceux-ci, répondirent par un vote d'approbation et de confiance. J'ai dit comment, dans leur rage impuissante, ils s'efforcèrent de briser la Société même du **Patriote** en en décrétant la nullité et en essayant de remettre la coterie en possession du matériel d'imprimerie et du journal. Je n'ai donc pas à revenir ici sur le concours que M. Armez prêta à cette manœuvre, non plus que sur son échec honteux.

Ma victoire était complète et je pus, de ce jour, honorablement renoncer à lutter contre des adversaires aussi déloyaux.

Je n'ai point à flétrir leurs agissements ; les honnêtes gens de tous les partis le feront pour moi et je plaindrais les républicains dont ils ne révolteraient pas la conscience.

Si j'ai tenu à en finir — pour n'y plus revenir — avec les procédés de MM. les « chefs du parti Républicain de Guingamp », c'est qu'il en est d'eux comme de certains spectacles dont le souvenir seul donne des nausées.

Mais hélas ! ce ne sont pas les « souvenirs » que j'évoquerai dans ma prochaine **Lettre** qui me « remettront le cœur » ; car les turpitudes de MM. Pradal frères ne le cèdent en rien aux intrigues de leurs dignes amis de Guingamp.

E. LE NORDEZ.

COUPS DE GARGETTE

LETTRES

IR LA SITUATION DU PARTI RÉPUBLICAIN

DANS LES COTES-DU-NORD

PAR

E. LE NORDEZ

9ᵐᵉ LETTRE

EDITEUR : BARROUX-GAUVIN, rue des Jacobins
A POITIERS

9me LETTRE

~~~~~~~~~~~~~~~

2 Septembre 1887

MES CHERS LECTEURS,

Cette **Lettre** vous arrivera avec un retard
que je vous prie d'excuser.

Un ami, pour se remettre de la fiévreuse vie
de Paris, est venu me rejoindre sur cette revivi-
fiante plage de Saint-Quay-Portrieux et, en sa
société, ma pensée s'est volontiers détournée
des écœurants sujets sur lesquels je retiens
depuis trop longtemps la vôtre.

Laissez-moi croire que ce répit vous aura été
autant qu'à moi agréable et bienfaisant.

Aussi bien, pendant cette halte, ai-je fait
cueillette de choses qui vous intéresseront, et
provision d'actualités qui, loin de me détourner
de ma démonstration, vont me fournir pour
elle de nouveaux et précieux éléments.

Je m'abusais quand j'ai cru en avoir fini avec
les « chefs du parti républicain de Guingamp ».

Vous devez vous souvenir de ce que, dans ma
5me **Lettre**, j'ai reproché à M. Riou.
C'étaient vilenies dont un homme de cœur
eût tenu à se disculper sans retard; M. Riou
ne souffla mot. Ce.... stoïcisme ne m'étonna
point. Mais, après cela, je ne pouvais guère
m'attendre à ce que ma 8me **Lettre** sensi-
biliserait son épiderme, car les faits que j'y

articulais contre lui et ses dignes amis étaient
certes, bien moins « offensants ».

Or, voici que le 23 août, en rentrant chez
moi d'une courte excursion, j'appris « par la
rumeur publique » que deux Messieurs, tout de
noir habillés et gantés de frais, étaient arrivés
au Portrieux et avaient annoncé qu'ils venaient
m'offrir un cartel de la part de M. Riou. Au
lieu de jeter leurs cartes dans ma boîte aux
lettres, ils les avaient remises à une baigneuse
qui me les apporta. Je reçus donc dans la soirée la
visite de deux.... officiers, — l'un canonnier,
l'autre ministériel — qui, non sans un compré-
hensible embarras, me demandèrent au nom de
M. Riou de « rétracter les coups de garcette »
que, dans ma 8ma lettre, je lui avais appli-
qués.

Rétracter des coups ! Cela me rappela le
fameux « retirez le soufflet » d'une désopilante
comédie de Labiche, et je me pris à rire, ce qui
visiblement vexa mes interlocuteurs.

Invités à être un peu plus précis, ces
messieurs finirent par me faire comprendre
qu'il s'agissait d'une rétraction absolue des
accusations portées par moi contre leur client,
ou, en cas de refus, d'une « rrréparation par
les airrrmes » !!!

Ces derniers mots prononcés par l'officier
canonnier avaient, je vous l'assure, quelque
chose de tout à fait terrifiant.

La rétractation ou la mort ! Brrr !!

S'il me fût resté un tantinet de sang-froid,
j'aurais vraisemblablement trouvé quelques
bonnes raisons à opposer à cette mise en
demeure.

Messieurs, aurais-je pu répondre....

Messieurs, quand par le fer les choses sont vidées,
La justice et le droit sont de vaines idées, !

Jamais Corneille ne m'a paru plus sage
qu'en ce distique; mais allez donc faire de la
poésie avec un canonnier !

Peut-être. m'adressant à l'homme de loi,
aurais-je pu faire observer que le droit de
M. Riou, en supposant qu'il fût en principe
établi, était « prescrit ». Ma 8ᵐᵉ Lettre,
en effet, a paru le 14 août dans le département et c'est le 23 qu'on venait m'en
demander raison. Or, le « Code du duel » fixe
que le délai accordé pour effectuer un envoi de
témoins est de 24 heures et que, passé ce délai,
la question préalable peut être opposée. (Voir
Tavernier, qui fait loi en la matière.)

Mais, dans mon trouble, je ne songeai guère
à ces « arguties ». Je me contentai de demander
aux aides du pourfendeur rétractation de quoi
ou réparation de quoi leur client réclamait. Ils
furent — et pour cause — dans l'impossibilité
de relever une seule phrase de ma 8ᵉ Lettre
contenant une calomnie, un seul mot constituant
une injure En cette occurence, voici quelle fut
ma réponse : « J'ai articulé contre M. Riou des
faits précis ; si ces faits sont faux que M. Riou
l'établisse. Jusques là c'est pour moi un devoir
autant qu'un droit de lui refuser toute rétractation et toute réparation. »

Une discussion, en ces sortes d'entrevues,
étant interdite, je n'avais point à établir la cor-
rection de mon attitude ; mais ici je puis et
dois le faire.

Rétracter, dans n'importe quels termes, ce
que j'ai dit de M. Riou, c'était faire perdre à
mes lettres leur seul mérite, celui d'une entière
véracité. Donner une réparation quelconque,
c'était encore incontestablement reconnaître le
mal fondé et l'injustice tant de mes assertions
que de mes appréciations. Dans les deux cas, je
me liais les mains pour l'avenir ; je me mettais
dans l'impossibilité de continuer ma démonstration, d'achever l'acte d'accusation que je me
suis imposé la tâche de dresser contre les
membres de la coterie et, surtout, d'en tirer une
conclusion pratique qui en soit la justification
comme elle en est le but.

Dans les luttes de la politique, ce que tout
homme d'honneur doit à un adversaire, c'est la
rétraction de calomnies et la réparation d'injures. Or, quand je maintiens absolument tout ce
que j'ai écrit dans mes huit premières lettres, tant
pour le fond que pour la forme, mes lecteurs
ont en main les éléments d'appréciation et ils
peuvent se convaincre que je n'ai ni injurié ni
calomnié M. Riou.

J'ai jugé ses actes comme homme politique, ce qui est mon droit incontestable et ce que
je tiens pour un devoir d'honneur, ne voulant
pas que personne puisse croire que, comme
directeur du **Patriote**, je fus le complice de
ces intriguants.

Si les faits que j'ai articulés contre eux sont
mensongers qu'ils le prouvent.

C'est aux accusés à se justifier, à fournir le
preuves de la loyauté de leur conduite et de la
fausseté de mon témoignage. Ces preuves, des
duels ne les feraient pas ; elles ne peuvent res-

sortir que de débats publics. Pour les soutenir contre moi, ces messieurs n'ont-ils pas à leur disposition entière les colonnes et les . plumes du **Patriote** ?

Comment ne sentent-ils pas qu'en fuyant ce terrain — le seul sérieux et le seul probant — ils corroborent au lieu de les infirmer toutes mes affirmations, toutes mes déductions ? S'ils repoussent l'unique moyen d'établir la vérité, n'est-ce pas qu'ils la redoutent et qu'ils veulent continuer à tromper leurs concitoyens pour continuer à les exploiter ?

En m'envoyant des témoins, M Riou savait très bien n'avoir aucun droit de demander et aucune chance d'obtenir une satisfaction quelconque. S'il ne l'a fait que neuf jours après l'apparition de ma 8e lettre, c'est que, à ce moment, les membres de la coterie, se trouvant réunis à Saint-Brieuc pour la session du Conseil général, ont jugé qu'il était urgent d'enrayer l'action que mes **Lettres** peuvent exercer sur le parti républicain. Sachant bien que je n'accepterais pas un duel de tout point ridicule, ils se sont dit que mon refus leur permettrait de publier dans leur journal une lettre qui laissât croire à de la duplicité ou à de la pusillanimité de ma part.

C'est, en effet, de la sorte que M. Riou a « traduit » ma réponse à ses envoyés. Dans la lettre qu'il a adressée au **Patriote**, pour présenter les faits à sa façon — lettre dont le français vaut la bienséance — il ne dit mot de ma mise en demeure de démontrer la fausseté de ce que j'ai avancé; mais cela ne l'empêche pas de m'attribuer en cette affaire, une « mauvaise foi »

qui lui appartient en propre. Aussi, quand
il me refuse son « estime », je me sens tout ho-
noré et je veux encore le remercier d'affirmer
que je ne suis pas un Chevalier de la Légion
d'Honneur selon son cœur. Ce que je sais ce
que j'ai écrit de lui prouve surabondamment
que nous sommes loin d'avoir sur l'honneur les
mêmes idées.

On saura mieux comment M. Riou entend
« l'honneur » quand j'aurai dit les titres que son
ami M. Ch. Pradal avait au ruban qui, en France,
en est l'insigne.

C'est M. Delatte, ce Préfet que la Coterie vient
de perdre, qui l'« a créé chevalier » et il m'est
avis que cet acte caractérise on ne peut mieux
son administration. La décoration de M. Ch.
Pradal sera le plus touchant souvenir du passage de M. Delatte dans les Côtes-du-Nord.

On me rapporte que les membres, les suppôts
et les dupes de la Coterie ont, jusqu'au wagon
qui le leur ravissait, accompagné de leurs regrets, de leurs lamentations et de leurs larmes
ce Préfet bien aimé. C'est, à la vérité, une perte
très-douloureuse que celle qu'ils viennent de
faire en sa personne, et je leur adresse mes com-
pliments de condoléance.

Il n'est pas vrai, comme ils ont cherché à en
répandre le bruit, que le déplacement de M. Delatte ait été demandé et obtenu par M. Le Provost de Launay et ses amis, avec les votes et
conséquemment avec les vœux desquels le Ministère actuel aurait besoin de compter. Je tiens
de source sûre que ce Préfet n'a quitté notre département que sur le désir formel qu'il en
avait lui-même exprimé au Ministre. Les raisons

qui l'ont déterminé sont trop honorables pour
que je les taise; aussi bien entrait-il dans le
plan de mon étude d'indiquer l'action exercée
par lui sur la situation du parti Républicain des
Côtes-du-Nord.

Les débuts de M. Delatte donnèrent des espérances que, malheureusement, il n'a pas justi-
fiées.

Il avait montré en politique une tolérance de
bon aloi et, comme administrateur, suffisamment d'expérience, de zèle, de justice et d'indépendance. Affable sans camaraderie, digne sans
arrogance, accessible à tous sans se livrer à
personne, il conquit vite la confiance de son
parti, et l'estime de l'opposition.

Comment il se fait qu'en ces derniers temps
il ne possédait plus ni l'une ni l'autre, c'est ce
que brièvement je vais expliquer.

Il y a huit ou neuf mois, M. L. Le Provost de
Launay écrivit dans l' **Indépendance Bretonne** que ses amis et lui s'accommodaient
assez bien de ce préfet conciliant.

Je ne sais quel but visait cette déclaration,
mais elle a été pour M. Delatte une pierre d'a-
choppement.

Affectant de se montrer émus des éloges
adressés par le chef de la réaction au représentant du gouvernement, MM. Armez, Pradal et
consorts firent entendre à M. Delatte qu'ils
étaient de nature à le compromettre gravement
vis-à-vis des Républicains, chez lesquels le souvenir des agissements de son prédécesseur rendait la méfiance facile et les suspicions promptes.
sans trouver ces craintes sérieuses, le Préfet,
pour les calmer, crut pouvoir sans danger se

départir de sa réserve vis-à-vis des soi disant
chefs du parti Républicain.

Il ne s'était point « commis » avec la réaction,
mais il se « compromit » avec la Coterie.

Les membres de celle-ci, comme les tenta-
cules d'une pieuvre enlaçant une proie, s'em-
parèrent de lui. Pour l'isoler, il leur suffit de
l'afficher en leur société et, voulant être d'inévitables intermédiaires entre ses administrés et
lui, ils se constituèrent ses geôliers. En ces
derniers temps, le Préfet n'était plus que l'es-
clave d'une poignée d'intriguants.

Semblable au voyageur tombé dans des sables
mouvants, plus il faisait d'efforts pour s'arracher à cette situation humiliante, plus il s'y
enfonçait. C'est alors qu'il a appelé le Ministre à
son aide et l'a supplié de le sauver en l'envoyant
dans un autre département.

Cette résolution est de nature à atténuer les
fautes de M Delatte ; il n'en reste pas moins
vrai que son administration, mauvaise pour le
département, stérile pour le parti Républicain,
n'a servi que les intérêts de la Coterie. Le jour
où il a eu la faiblesse de décerner à celle-ci un
brevet d'honneur en décorant M. Ch. Pradal, il
n'a pas seulement froissé la conscience publique, il a déconsidéré son autorité préfectorale
et compromis le gouvernement dont il était le
représentant.

Ce ne peut-être, en effet, la personnalité de
M. Pradal que M. Delatte ait entendu honorer
publiquement; c'est la Coterie elle-même.

En apprenant cette incroyable nomination
quelqu'un, qui était à même de bien connaître

le « décoré », crayonna et m'envoya ce qua-
train.

> Décoré par la République,
> Pradal, justifiant ce choix,
> De l'honneur portera la croix
> Comme une âne porte relique.

Et de fait, ce pauvre homme est bien... l'âne
de la Coterie.

J'ai fait de son physique un portrait ressem-
blant ; l'intellect est à l'avenant. Nul comme
jugement, nul comme instruction, nul comme
expérience, M. Ch. Pradal est le type accompli
de la nullité. Autant vaudrait vanter la paternité d'un eunuque que les hauts faits d'un tel
innocent.

Ce n'est donc point comme homme de valeur
qu'on a pu le décorer.

Est-ce comme industriel ou commerçant ? Il
ne suffit pas de s'enrichir dans la colonnade pour
mériter une pareille distinction. A-t-il donné
le moindre élan à l'industrie locale ? A-t-il
créé un commerce dont la région ait profité ?
A-t-il, par quelque œuvre philantropique,
cherché à améliorer la situation sociale ou seulement locale de la classe ouvrière, qui a si lar-
gement concouru à sa fortune ? Je défie bien
que, à l'une de ces questions, on réponde oui.

Serait-ce comme homme politique, comme
« républicain » que M. Ch. Pradal est entré
dans la Légion d'honneur ?

Qu'il me soit permis de le dire, si M. Delatte avait voulu honorer le parti républicain de
ce département en décorant un de ses membres,
c'est M. Besnier qu'il eût dû choisir. Celui-là
n'a pas seulement souffert pour ses principes, il

n'en a jamais trafiqué. Désintéressé et intègre, s'il n'a point rendu de services retentissants, au moins ignore-t-il la « simonie politique » et c'est, à l'heure présente, chose particulièrement « honorable ».

Mais qu'a fait Mr Pradal? Le vit-on jamais s'exposer dans les luttes politiques? Tout le monde sait et j'aurai l'occasion de prouver qu'il est de ceux qui aiment « à vaincre sans péril » et que toujours il se cache quand le moment vient de se montrer. Quels sacrifices a-t-il faits à l'intérêt public? Quels services a-t-il rendus au parti dont il a la fatuité de se croire un des chefs?

N'a-t-il pas, au contraire, sans cesse exploité au profit de sa mince personnalité et les situations et ses concitoyens?

On me dira — on m'a déjà dit — que c'est comme maire du chef-lieu du département que M. Ch. Pradal a reçu la croix.

Est-ce à dire que cinq ou six années de fonctions municipales constituent, sous la République, un droit au ruban rouge? Il faudrait alors le mettre à la boutonnière des trois quarts au moins des maires de France?

Si j'avais le temps et la place nécessaires pour passer en revue les actes de l'administration municipale de M. Pradal, on verrait qu'elle se traduit, d'une part, par l'absence de toute amélioration utile et de toute entreprise sage ; — d'autre part, par un énorme accroissement des charges des contribuables.

La vérité est que M. Pradal n'est arrivé à la mairie de Saint-Brieuc et ne s'y est maintenu que par des intrigues — que je dirai, — mais que ses actes, comme ses discours et sa personne, portent le cachet d'une incapacité notoire.

Peut-être d'aucuns croiront-ils trouver dans cette assertion une contradiction. Comment, puis-je prêter à un « incapable » tant de goût pour l'intrigue, laquelle suppose un esprit retors ? Comment une aussi complète nullité aurait-elle réussi à capter la confiance et les votes des électeurs? En un mot, comment ce « propre-à-rien », n'étant pas « quelqu'un », est-il devenu « quelque chose » ?

C'est précisément ce que je me suis proposé de rechercher et d'expliquer.

Pour se présenter à ses concitoyens, M.Charles Pradal aurait pu user de certaine phrase de M. Prudhomme : « Je ne suis pas mon frère, mais je suis le frère de mon frère »

M. Charles est bien, en effet, le « frère » de M. François.

Que si l'on demande le portrait de celui-ci je le ferai d'un seul trait

L'âme d'un « Méphistophélès dans le corps d'un rustre »!

Incarnation de l'astuce, il est né avec de rares aptitudes pour l'intrigue, aptitudes que son éducation comme ses études ont merveilleusement développées.

Avant d'en chercher la preuve dans ses actes, je la trouverai dans ses écrits; car il est « publiciste » à ses heures.

Il m'a offert jadis une brochure publiée par lui en 1874 sous le titre de : « L'Armée de Bretagne par Un Volontaire !

M. François Pradal, en effet, a été « volon-

tairement » officier d'ordonnance de M Carré-
Kérisouët, en 1870.

Ce dernier ayant été chargé « d'organiser à
l'armée de Bretagne l'administration qui devait
remplacer l'intendance », on pourrait croire que,
pour parler « en témoin autorisé », M. François
Pradal s'occupe des questions de subsistances,
d'approvisionnement, de transports. Il devait
avoir beaucoup de choses à révéler sur ce point,
ayant été à même de les voir de près. Cependant,
pour des raisons qu'il ne dit pas, il semble
avoir « peur d'y toucher ». Au lieu de dénoncer
les honteux tripotages auxquels donna lieu
l'approvisionnement des troupes et de livrer au
mépris des honnêtes gens les noms des vampires
qui se gorgèrent du sang de la France, en spé-
culant sur les malheurs publics, l'officier d'intendance parle, en stratégiste infaillible, des
opérations militaires, qu'il trouve idiotes et, en
juge souverain, il prononce, sur ceux qui les
dirigèrent, les plus flétrissants verdicts.

M. de Kératry ne fut qu'un traître qui travailla
à organiser une armée, non pour la France,
mais contre elle.

« M. Carré-Kérisouët était, d'ailleurs, dans
les mêmes sentiments ». écrit celui qui fut son
officier d'ordonnance :

Quant au « général d'occasion » M. de Ma-
rivault, ce « protégé du vénérable M. Glais-
Bizoin, » — « dont l'orgueil fut le seul mobile »;
— « il refusa de marcher, attendant que l'ennemi eût dévasté la France entière, et il ne
mérite qu'une épithète que l'histoire se char-
gera de lui appliquer. »

Et après avoir ainsi dénoncé les « secrets-

desseins », l'incurie, l'égoïsme, la lâcheté et la
félonie de ceux qui furent ses chefs, M. François
Pradal, ajoute, qui si lui était prêt à affronter
« toutes les privations et tous les périls » pour
la patrie, « l'intérêt matériel était l'unique
règle de conduite d'une grande partie de la nation ».

Si j'ai tenu à rendre ici compte de ce livre —
sur lequel il semble qu'on ait voulu faire le
silence dans ce département — c'est que l'esprit de son auteur s'y trahit tout entier.

Ceux qui, dans les actes d'autrui, cherchent
et voient toujours des intentions basses ont
trop la conception du mal pour n'en avoir pas
le goût. Ils mesurent les autres à leur aulne.

Qu'à Conlie, tout n'ait pas été pour le mieux
dans le meilleur des camps, je le sais d'autant
mieux que, pour l'avoir écrit en 1870, j'ai été
personnellement fort maltraité Mais quelle
autorité M. François Pradal, « militaire d'occasion », simple employé d'intendance, a-t-il
pour juger des opérations auxquelles il n'a point
pris part ? Et quand il transforme l'incapacité
de ses chefs en trahison, en lâcheté, ce n'est
plus de la fatuité, c'est de l'impudence.

Ce livre, qui n'a point pour excuse une patrio-
tique exaltation, a-t-il été écrit pour satisfaire
des haines inavouées ou pour flatter les passions
d'hommes dont la protection pouvait devenir
précieuse ? Je l'ignore ; mais tout homme droit
pensera avec moi que celui qui publie de telles
pages devrait en les signant, en accepter la
responsabilité.

Et puisque, en guise de morale, M. François
Pradal proclame que « ce n'est pas en essayant

de tromper, le peuple qu'on en devient l'ami. », qu'il me permette de lui dire que, dans la loyale Bretagne, le peuple tiendra toujours pour indignes de sa confiance ceux qui n'attaquent qu'en se cachant.

Or, de même qu'il s'est embusqué derrière l'anonymat pour jeter l'outrage sur ses anciens chefs, nous le verrons se cacher encore pour ourdir et pour diriger les intrigues de la Coterie comme pour tirer les ficelles du Guignol politique qu'il a pour frère.

Si M. François Pradal eût vécu au temps de l'Inquisition, il eût pu être un de ses « magistrats ». Aujourd'hui, il n'est qu'un très ordinaire conseiller de Préfecture.

Ce n'est pas dans ces fonctions aussi paisibles qu'effacées qu'il peut trouver à appliquer ses « facultés », mais il se rattrape dans le sein de la Coterie. Il en est l'âme, comme son frère en est .. l'âne.

Le « Frère François » ne montre point d'ambitions politiques ; il fait de l'intrigue par tempérament et pour l'amour de l'art ; comme les ténèbres conviennent aux manœuvres dans lesquelles il se complaît, il n'apparaît jamais et ainsi n'excite ni la défiance, ni les soupçons.

Le « Frère Charles », au contraire, a l'insatiable vanité des esprits étroits, d'autant plus audacieux qu'ils n'ont point conscience de leur insuffisance.

Dans toutes les machinations de la Coterie, on retrouve leur « raison sociale », la pensée cauteleuse de l'un, le cynisme inconscient de l'autre. Entre eux deux, il y a solidarité absolue. L'un prépare le poison, l'autre l'administre ; celui-là ourdit les intrigues, celui-ci exécute le plan conçu. Le premier est trop « dissimulé », le second trop « innocent » pour qu'on puisse les croire capables de desseins astucieux et c'est ce qui explique la facilité avec laquelle ils bernent leurs concitoyens, pour la plupart gens de bonne foi qui ne voient goutte dans un jeu aussi compliqué.

J'avoue avoir été quelque temps dupe de leurs intrigues.

Pourtant, ainsi que l'a dit le bon Lafontaine :

> Toujours par quelqu'endroit
> Fourbes se laissent prendre.

Les élections municipales de 1884 m'ont permis de prendre en flagrant délit de fourberie MM. Pradal frères.

Les détails que je suis en mesure de fournir sur leurs intrigues dans cette occasion sont des plus intéressants et je tiens d'autant plus à les donner complets que cela me fournira l'occasion de m'expliquer catégoriquement : 1° sur le fameux pamphlet manuscrit qui fut répandu alors dans Saint Brieuc ; 2° sur les raisons qui m'amenèrent à prendre à partie, dans ma conférence du 3 mai, M. Viet-Dubourg ; 3° sur les conditions dans lesquelles je comparus devant le tribunal correctionnel comme ayant diffamé ce dernier; 4° enfin, sur les raisons qui, à l'audience, me forcèrent à n'opposer que le silence à la trahison de ceux que le public croyait mes amis, comme aux outrages de ceux dont je m'étais fait de haineux adversaires par mon apparente complicité dans les intrigues de la Coterie.

Par ce sommaire de ma prochaine **Lettre** On peut juger qu'elle ne sera pas sans intérêt.

E. LE NORDEZ.

COUPS DE GARCETTE

LETTRES
SUR LA SITUATION DU PARTI RÉPUBLICAIN
DANS LES COTES-DU-NORD

PAR

E. LE NORDEZ

10ᵐᵉ LETTRE

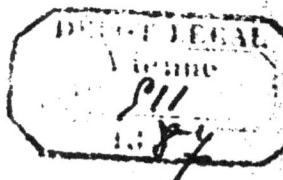

EDITEUR : BARROUX-GAUVIN, rue des Jacobins
A POITIERS,

10me LETTRE

---

10 Septembre 1887

Je me prends à regretter, mes chers Lecteurs,
d'avoir l'autre jour un peu musé ; mes **Lettres**
en effet, approchent du nombre fixé par mon
éditeur plus vite que ma démonstration n'arrive
à son terme. Force m'est donc, aujourd'hui,
d'être aussi concis dans l'exposé des faits que
sobre dans les commentaires.

C'est de MM. Pradal — « arcades ambo » —
dont nous avons surtout à nous occuper.

J'ai dit que mon premier acte, en prenant la
direction du **Patriote** avait été de les évincer
du Conseil ; par calcul et non par dignité, ils
se tinrent vis-à-vis de moi dans une extrême
réserve. Mes premières relations avec eux eurent
lieu à l'occasion de l'élection d'un Conseiller
général pour le canton Nord de Saint-Brieuc,
à la suite du décès de M. Gaultier du Mottay.
M. Besnier voulait laisser le choix du candidat
Républicain à une réunion d'électeurs, mais
on lui persuada qu'il fallait préalablement s'assurer de l'adhésion des candidats possibles. Il
semblait que M. Ch. Pradal, par suite de sa
situation de Maire, eût des chances sérieuses d'enlever ce siége à la réaction et
M. Armez parut le plus ardent à recommander
sa candidature.

M. Ch. Pradal refusa, en déclarant que

« les affaires de la Municipalité excédaient déjà
le temps et les forces dont il pouvait disposer ».
Il avait d'autres raisons.

L'éventualité du sectionnement de la ville de
Saint-Brieuc en vue des élections municipales
menaçait trop personnellement sa situation de
Maire pour que M. Pradal ne s'en inquiétât pas.
A la vérité, si les membres de la droite du
Conseil général tenaient tant à ce sectionnement, c'est qu'ils en attendaient le succès de
leurs amis. Dans l'espoir de décider quelques
uns d'entre eux à rejeter le projet, M. François
Pradal avait négocié. En échange de promesses
aussi vagues qu'aléatoires, son frère s'engagea
à ne point poser sa candidature dans le canton
Nord, ce qui paraissait devoir assurer l'élection
du candidat réactionnaire. C'était sacrifier l'intérêt de son parti à son intérêt personnel.

En même temps qu'il me transmettait la réponse de M. Pradal, M. Armez m'écrivait :
« En présence de ce refus, nous avons trouvé
et choisi un candidat excellent, M. Baratoux,
jeune, actif et riche, il connait et sait mener
les ouvriers. C'est un homme d'avenir qui arrivera plus tard à la députation, à ma place ou
ailleurs. »

Ces derniers mots sont tout un poème.

Si M. Baratoux devient jamais député, ce ne
sera certainement pas « à la place » de M. Armez,
qui jamais plus ne reprendra celle qu'il a per-
due; mais il n'en est pas moins vrai que celui-
là est en train de couper l'herbe sous le pied de
celui-ci.

En effet, bien qu'il ait été « conçu » comme
homme politique dans le sein de la Coterie,

M. Baratoux n'a, pour ses membres, pas plus d'estime que de reconnaissance. Au moment où, selon le mot de M. Armez, elle le « choisissait » pour candidat, il m'écrivait : « Vous avez bien saisi l'esprit du pays. Vous savez aussi bien que moi que, à part quelques personnes très-dévouées, vous ne trouverez, parmi les gens qui pourraient avoir de l'influence sur les masses, qu'indifférence ou **hypocrisie** ».

A bon entendeur, salut.

Cette « influence sur les masses », M. Baratoux l'a, depuis lors, assez habilement su prendre ; il est aujourd'hui « l'idole des Bédas de Plérin ». Battu la première fois qu'il sollicita leurs suffrages, il a su employer le temps qui le séparait du renouvellement partiel à « travailler » le canton Nord ; il s'est pour cela servi sans scrupule du concours de la Coterie, sans jamais se livrer à elle, et — les « bôlées » aidant — il a pris place au Conseil général.

Il vise, dit-on, à monter plus haut. Ayant été quelque peu son parrain, je me permets de lui donner un petit conseil qu'il ferait bien de suivre.

La popularité est comme un cidre généreux ; c'est très bon et ça fortifie, mais quand on en prend trop ça grise, ça abat et ça tue. Si M. Baratoux sait se modérer, pour rester maître de lui et maître de la situation, il peut — tout en satisfaisant sa légitime ambition — rendre à son parti de réels services, en le remettant en possession de lui-même et en lui donnant l'organisation sans laquelle il court à une ruine complète.

Cette entreprise, M. Besnier l'a tentée et

toujours les intrigues de la Coterie ont annihilé
ses persévérants mais timides efforts. Général
sans armée, il persiste à porter le titre de « président du Comité central Républicain » bien
qu'il n'existe pas plus de Comité central que de
Comités locaux.

Il fut un temps où il y avait une soi-disant
« caisse des Comités ». Qu'est-elle devenue ?
Alimentée par les souscriptions d'un certain
nombre de citoyens confiants et généreux, elle
était confiée à la garde de la Coterie et celle-ci,
après y avoir puisé pour payer certains « faux-
frais » de l'installation du **Patriote**, employa
le reliquat à une partie du loyer de l'imprimerie
de ce journal. Qu'il prenne envie à un seul des
souscripteurs de demander compte de l'emploi
de ses fonds et il se convaincra de la véracité de
mon assertion.

Cependant, on était à la veille des élections
municipales, — auxquelles les élections sénatoriales prochaines donnaient, dans ce département, une importance particulière, — et il me
parut qu'elles pouvaient faciliter autant qu'elles
réclamaient un commencement d'organisation
du parti.

J'exposai à mon Conseil — qui l'approuva —
un plan qui devait donner de prompts et bons
résultats. Il s'agissait de faire choix, sinon dans
toutes les communes, au moins dans chaque
canton, de quatre ou cinq citoyens dévoués, de
leur adresser tous les quinze jours une demande
de renseignements sur une question d'intérêt
général, en les priant de se réunir pour discuter, arrêter et rédiger la réponse à adresser au
« président du Comité central ». Tous ces ren-

seignements — qui, dans bien des cas, pouvaient être très utiles par eux-mêmes, — eussent été analysés, condensés et publiés, deux fois par mois, dans le **Patriote**. La pensée d'être utiles à leur cause, la satisfaction de collaborer « solidairement » à la rédaction de l'organe de leur parti, l'émulation enfin qui se serait établie entre les divers groupes de correspondants eût, infailliblement et promptement , transformé leurs réunions en comités actifs entre lesquels le journal eût cimenté l'union, la discipline, l'unité d'action. Quant à imposer une participation pécuniaire, je m'y opposais et voulais que les souscriptions fussent libres, un concours dévoué me paraissant infiniment préférable à une cotisation forcée qui éloignait des adhésions.

En dépit de l'appui de M. Besnier, que ce plan séduisait, je dus renoncer à sa réalisation, par suite des obstacles successifs qu'y suscitait M. Armez. C'est que la Coterie tenait, d'un côté à conserver une autocratie que l'existence de comités eût battue en brèche et, d'un autre côté, à disposer des souscriptions à son gré, sans contrôle à redouter comme sans comptes à rendre.

Telle était la situation au moment où s'ouvrit la campagne électorale pour le renouvellement des conseils municipaux.

Certes, le « sectionnement » résultant de l'absence de toute organisation était autrement nuisible au parti républicain que celui de la ville de Saint-Brieuc.

J'ai le droit de dire que, pour remédier autant que faire se pouvait aux conséquences de l'un et de l'autre, je montrai tout au moins du dévouement et de l'énergie.

En ce qui regarde la ville de Saint-Brieuc (dont je dois ici m'occuper spécialement), pour se convaincre que M. Pradal et ses amis regardaient la situation comme désespérée, il suffit de se reporter au compte rendu de la dernière séance du Conseil municipal, tenue le 26 avril.

Le maire y lut un long rapport dans lequel il défendait les actes de son administration avec l'insistance qu'exigent les mauvaises causes. Les ambiguités dont ce document était rempli révélaient trop bien une plume habituée aux subtilités et aux équivoques pour qu'on n'en attribuât pas la rédaction au « Frère François »

« Nous espérons revenir, disait en terminant M. le Maire, mais si cette espérance ne doit pas se réaliser, on verra le désordre succéder à l'ordre dans l'administration de notre ville. »

Ce piteux découragement ne pouvait que servir le parti réactionnaire, et son organe ne manqua pas de le commenter comme l'indice de sa victoire.

Il fallait réagir et agir.

Pour s'entendre il faut se réunir. J'insistai pour que l'on convoquât les électeurs de chaque section à l'effet de faire arrêter par eux les listes de candidats et la formation de leurs comités. J'assistai à toutes les réunions et y pris la parole, le plus souvent pour empêcher les « délégués » de M. Pradal de violenter la volonté des électeurs.

Dans aucune d'elles, en effet, il ne se montra « personnellement » et, comme on s'en étonnait, M. François Pradal m'apporta et me pria de

publier dans le **Patriote** une note disant
que, à la suite de la dernière séance du Conseil
municipal, le Maire, sans être à vrai dire malade, avait été si fatigué qu'un repos absolu lui
était prescrit.

Voulant, sans écouter de légitimes ressentiments, défendre l'administration municipale
devant le corps électoral, je me rendis auprès
de M. Pradal pour recueillir les renseignements
qui m'étaient nécessaires.

Je me trouvai en face d'un gâteux, n'ayant
plus ni le sentiment des choses ni la conscience de lui-même. Son cerveau s'était détra-
qué à la pensée qu'on allait lui arracher son
écharpe municipale ! Et comme, pour le rassurer, on avait mis ce hochet sur le lit de ce vieil
enfant, il le pressait d'une main crispée et il
pleurait !

Et c'était cette ombre d'homme dont il me
fallait vanter aux électeurs l'intelligence, la
fermeté, le désintéressement ! Jamais je n'ai
mieux senti que ce jour-là tout ce qu'ont parfois
de pénible et d'humiliant les devoirs de la profession de journaliste ! Ah ! s'il nous fallait,
comme certains puritains le prétendent, ne
prêter l'appui de notre plume qu'à des causes
justes et à des personnalités dignes, que de fois
au lieu d'être des avocats, nous serions des accusateurs !

Un « incident » vint ranimer mon zèle en me
rappelant les obligations et la responsabilité de
ma situation.

Un matin, les rédacteurs des divers journaux
de Saint-Brieuc et un certain nombre d'électeurs trouvèrent dans leurs boîtes aux lettres

un manuscrit anonyme portant ce titre :
« Quelques notes sur les conseillers sortants
de l'édilité briochine. » Je lus ce factum et, bien
que l'attribuant à un adversaire, il me parut
peu dangereux. »

Il y était dit que le grand-père de M. Pradal,
après avoir été gendarme, avait fabriqué des
« ponts » ou des fonds de culotte ; que son père
avait cumulé un commerce de petite mercerie
avec les fonctions de percepteur de Plédran ;
que, par suite d'héritages, les fils étaient con-
sidérablement riches ; que l'un, M. Charles,
avait acheté le « château de Saint-Pierre, » que
l'autre, M. François, s'était, après 1870, rendu
acquéreur d'une propriété magnifique à laquelle
les gens de Trégueux ont donné le nom de
« Château de Conlie », en mémoire sans doute
des.... lauriers que le Châtelain avait rapportés
de son séjour au camp de ce nom.

M. Bernados y était présenté comme trop
intéressé aux affaires municipales et M. Gros-
vallet comme ne l'étant plus assez.

Après un éloge adressé à M. Allendy, un
piètre jeu de mots sur M. « Barre-à-Tout », un
coup de patte à M. Beuscher, « expert de l'administration dans les travaux publics », l'écrivain anonyme reprochait à M. Carré-Kérisouët
d'être aussi étranger à Saint-Brieuc qu'à ses
affaires municipales, à M. Chapin de juger de
l'intérêt général d'après l'intérêt privé, à
M. Couffon de ne pas jouir d'une bonne santé,
à M. Léon Durand de baptiser ses vins d'un peu
trop de politique, à M. Guilmoto d'avoir, par
peur d'un incendie, éloigné le théâtre de son
étude de notaire, au docteur Guinand de trop

fumer et à M. uyon, Francisque, de.... bien faire
son beurre.

Pour avoir des renseignements sur M. Le
Lyonnais, le pamphlétaire renvoyait le lecteur
à deux personnes qui, sans doute, n'en auraient
point donné et, — après trois coups d'encensoir
sur les nez de MM. Le Pivert, Lhotellier et
Meignan, — on constatait que M. Meunier avait
perdu un œil et trouvé moyen de faire fortune,
ce dont on lui faisait un crime.

Puis, poussant du coude le « gros bouffi »
M. Pignorel, l'homme masqué présentait
M. Viet-Dubourg comme étant le seul digne et
capable d'être maire de Saint-Brieuc.

A part quelques insinuations, — d'ailleurs
insaisissables tant elles étaient vagues — je ne
voyais dans tout cela rien d'effrayant.

Ceux qui étaient attaqués dans cet écrit en
jugèrent autrement. Ils montrèrent un effare-
ment, une émotion, une irritation bien propres
à laisser croire que de redoutables vérités se ca-
chaient sous les insinuations. Ils accoururent
chez moi, chacun criant vengeance et apportant,
pour être publiées dans le **Patriote**, non des
explications, mais des protestations plus indi-
gnées que concluantes.

M. François Pradal — qui se présenta le premier — me « suppliait de défendre l'honneur
de sa famille et de son nom », affirmant que
si son malheureux frère, qui était « dans le plus
grand abattement intellectuel », venait à connaître l'odieux libelle, « il en deviendrait complé-
tement fou » et que si le succès de l'élection ne
venait pas le venger de ces infâmes outrages, il
en mourrait de désespoir ! Et il sanglottait, et

il me pressait de paroles papelardes et de gestes rampants ! Tant de platitude me fit pitié et je le congédiai.

Après lui vint M. Le Lyonnais ; il était dans un état d'excitation indicible et il réclamait impérieusement l'insertion immédiate d'une note dans laquelle il dénonçait M. Viet-Dubourg comme l'auteur du libelle, déclarant en avoir les preuves en main. L'ayant prié de me donner et de prendre pour lui-même le temps de la réflexion, il revint dans l'après-midi, accompagné de M. Meunier et de plusieurs autres intéressés qu'il avait convaincus et excités, tous réclamant l'insertion de la susdite note que, d'ailleurs, M. Le Lyonnais était prêt à signer.

Je refusai catégoriquement de nommer M. Viet-Dubourg et c'est alors que l'on rédigea quelques lignes alambiquées où ce dernier n'était que très vaguement désigné.

Une conférence — qu'antérieurement j'avais promis de faire à la Mairie la veille du scrutin — me parut être une occasion favorable pour jeter, dans ce te ténébreuse affaire, un peu de lumière et de justice et j'en annonçai l'intention dans le journal.

Au moment où j'allais prendre la parole devant une salle comble, M. Viet-Dubourg arriva. Ceux qui, la veille, avaient voulu le « dénoncer », vinrent alors me supplier de ne parler ni du pamphlet ni de son auteur présumé.

Que signifiait ce revirement in extremis ? Les prétendues calomnies redoutaient-ils que, dans un débat public, M. Viet-Dubourg, déchirant le voile des insinuations, mît à nu certaines vérités compromettantes ? Mais, alors, j'allais

me fourvoyer en me portant garant de leur
honorabilité et, d'autre part, en ne les défen-
dant pas, je paraissais les trahir, faillir à mon
mandat comme à mes engagements.

Je crus avoir trouvé un moyen sûr de sortir
de cette impasse. Voulant que les soupçons
portés sur M. Viet-Dubourg fussent ou justi-
fiés ou détruits, je le mis plutôt en situation
qu'en demeure de réprouver le libelle et d'en
flétrir l'auteur anonyme.

Au lieu de repousser, avec l'éloquence de
l'indignation, les éloges de celui-ci et de confondre ainsi ses accusateurs, il prit conseil de
ses rancunes — légitimes peut-être mais in-
tempestives à cette heure — et parut partager
et approuver les attaques renfermées dans le
pamphlet.

Par les résultats du scrutin, il put juger le
lendemain de l'impression produite sur l'auditoire par son attitude et son langage. S'il avait
saisi la perche que je lui tendais, au lieu d'un
échec, pour lui particulièrement navrant, il eût
remporté une « victoire municipale » éclatante
et décisive.

Elle fut pour ses adversaires.

Ceux-ci, dans l'ivresse d'un triomphe qu'ils
n'espéraient pas, me traitèrent en « sauveur ».
Rien ne traduit mieux l'explosion de gratitude que me valut cet exploit que les lignes
suivantes qui me furent adressées le lendemain,
avec beaucoup d'autres aussi enthousiastes.

Si quelque chose pouvait ajouter à la profonde adoration que nous avons pour vous, ce serait cette soirée
inoubliable pour tous ceux qui ont pu vous entendre.
— *Madame C. Meunier.*

Ce qui était « inoubliable » a pourtant été
oublié et « l'adoration profonde » a fait place à
une aversion qui ne l'est pas moins.

On n'arrive point à mon âge sans avoir expérimenté que la reconnaissance est une « ob-
bligation » le plus souvent gênante et, journaliste depuis bientôt 30 ans, je me suis habitué à
être traité, par ceux qui se sont servis de moi,
comme le citron que l'on rejette après l'avoir
pressé.

Mais je reconnais que, après les incidents que
je viens de rapporter, mes « obligés » avaient
de quelques raisons de me vouloir « rejeter »

Un « sauveur » peut devenir un maître et
la Coterie redoutait de me voir profiter des
avantages de ma situation pour affranchir de sa
tutelle le parti républicain. Elle avait des
craintes plus pressantes encore. Sous plus d'une
des insinuations du pamphlet, on le comprend,
le trouble des uns, les aveux des autres m'a-
vaient fait découvrir tout au moins de graves
présomptions de culpabilité et j'étais ainsi un
de ces témoins qu'un coupable prévoyant songe
toujours à faire disparaître.

Un mois ne s'était pas écoulé que M. Guyon,
— fort justement surnommé Francisque,
« arme à double tranchant » — disait en présence de plusieurs conseillers municipaux qui
me rapportèrent le propos : « Après le **Te
Deum**, le **Nunc dimittis**. Le Nordez peut
maintenant faire son paquet, il n'en a pas pour
longtemps. »

Ainsi prévenu, j'aurais dû me tenir sur mes
gardes mais, ainsi que l'a dit un moraliste,
« ceux qui agissent avec sincérité sont ceux

qu'on fourbe le plus aisément. »

J'avoue que, imprudent autant qu'aveugle, je donnai tête baissée dans les piéges.

D'abord j'eus la prétention de tirer au clair l'affaire du pamphlet. Les efforts que je fis pour en découvrir l'origine disent bien que j'étais loin d'être convaincu qu'il eût M. Viet-Dubourg pour auteur. Mes soi-disant amis ne semblaient point satisfaits que je remuasse « cette fange » et me contraignirent « à faire le silence sur l'incident ». Ce sont les termes d'une lettre de M. Meunier.

Réélu maire, M. Ch. Pradal, en retrouvant son écharpe, recouvra la raison. Pour en rendre grâce à Dieu, (et. m'a-t-on assuré, pour accomplir un vœu fait par son frère François,) il illumina brillamment sa Mairie lors de la procession nocturne du 31 mai.

Sur la demande expresse de plusieurs conseillers municipaux, le **Patriote** publia une note exprimant le regret que cette manifestation, et surtout la dépense qu'elle avait entraînée eussent été faites sans l'avis et l'autorisation du Conseil.

Alors la municipalité se demanda si j'avais la prétention de la placer sous ma coupe et, pour la première fois, on me prêta la secrète pensée de « déconsidérer les chefs du parti », afin de le pouvoir ensuite diriger à mon gré et à mon profit.

Tout en prenant ma défense, M. Meunier m'assura que j'avais « fait une gaffe » !

Je devais, hélas ! jouant de malheur, — en faire toute une série. —

C'est ainsi, par exemple, que, le 10 juillet,

amené par hasard dans les environs du Palais
de Justice, où se jugeait l'affaire des détour-
nements du clerc de M. Guillo-Lohan, notaire,
je montai à la Cour d'Assises. M. Drouard,
qui occupait le siège du ministère public, répondait à ce moment à M. Rioche, avocat de
l'accusé. Le langage et l'attitude du magistrat me parurent également déplacés et, le len
demain, en rendant compte des débats, j'
le dis en termes très nets. Constatant la violence qu'il avait montrée vis-à-vis de la personne même du défenseur, je rappelai à
M. Drouard que « quand il requière justice au
nom de la société, un procureur à tout à gagner en restant dans le calme, dans la dignité
de la loi. » Et j'ajoutais qu'il ne fallait pas que
les solennels débats de nos assises devinssent
des joutes d'esprit et surtout des « disputes ».

Il n'y avait, certes, rien en ceci dont un
magistrat « sérieux » pût s'indigner. Mais j'avais
compté sans l'incommensurable orgueil du jeune
M. Drouard. Parce qu'il s'est fait ce qu'il est,
(dit-il). il se figure être un phénix ! Nul autant
que lui, dans les parquets de France, n'a l'éru-
dition et l'éloquence, la haute science et le beau
langage, l'autorité et la séduction ! Et moi,
humble folliculaire, j'osais trouver quelque
chose d'imparfait dans cette « divinité » résu-
mant en elle la trinité de Solon, de Démosthène
et d'Adonis !

Tant d'audace appelait un châtiment ; je ne
l'attendis pas longtemps.

Pour dire quel il fut, il me faut noter ici que,
le 2 août,— date à retenir — je reçus une assignation à comparaître, le 23 octobre suivant,

par devant le tribunal correctionnel pour répondre du délit de diffamation que j'étais in
culpé d'avoir commis contre M. Viet-Dubourg,
dans ma conférence du 3 mai, et m'entendre,
de ce chef, condamner à une quantité de choses, « sans préjudice des réquisitions qu'il plai-
rait à M. le Procureur de la République de
prendre. »

Quarante-huit heures de plus et, par prescrip-
tion, l'assignation était nulle.

Tous ceux qui connaissaient M. Viet-Dubourg, — avocat éclairé, esprit prompt et caractère résolu — s'étonnèrent qu'il eût mis « trois
mois moins deux jours » pour s'apercevoir que
j'avais bien pu le diffamer et pour se décider à
demander à la justice réparation du préjudice
que j'avais pu lui causer.

De même, tous ceux qui liront ces lignes se
demanderont quels rapports peuvent bien exis-
ter entre le procès intenté par M. Viet-Dubourg,
les intrigues de MM. Pradal et la rancune de
M. Drouard.

C'est que, à la vérité, c'est un écheveau
très mêlé que celui qu'il me faut dévider et
je n'en peux venir à bout aujourd'hui.

Tout en m'excusant de ne pas remplir complètement le canevas que je m'étais imposé pour
cette dixième **Lettre** je suis forcé d'en remettre la suite à la prochaine.

E. LE NORDEZ.

• COUPS DE GARCETTE

LETTRES

UR LA SITUATION DU PARTI RÉPUBLICAIN

DANS LES COTES-DU-NORD

PAR

E. LE NORDEZ

11ᵐᵉ LETTRE

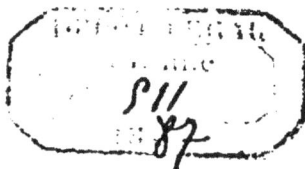

ÉDITEUR : BARROUX-GAUVIN, rue des Jacobins
A POITIERS]

11me LETTRE

16 Septembre 1887

Sans plus de périphrases que de préambule, je reprends, chers lecteurs, le fil de mon récit.

J'ai dit que l'assignation de M. Viet-Dubourg m'était parvenue « trois mois moins deux jours » après les faits auxquels elles se rapportait et que cette décision tardive avait surpris tout le monde.

D'après un « bruit de palais » — qui devint promptement rumeur publique — ce procès ne m'aurait été intenté qu'à l'instigation de M. Drouard; on allait même jusqu'à dire qu'il en avait revu, corrigé et **augmenté** l'assignation.

Je savais qu'il m'en voulait beaucoup de l'avoir morigéné, car j'avais retrouvé, dans certains salons où j'allais par convenance, les traces de la bile qu'il y avait épanchée.

Au lieu de venir à récipiscence, j'avais mis le comble à ma témérité en répondant aux « potins » de ce Monsieur par un article où on lisait :

« Dussé-je, comme on m'en avertit, me créer des **ennemis**, m'aliéner des relations et me fermer des portes amies, je n'abdiquerai pas le droit de contrôler et de critiquer les actes

des fonctionnaires, voire même les discours
d'un Procureur. »

Qu'après cela, M. Drouard eût pour moi
une haine égale à son infatuation, je n'en pouvais douter ; mais il me semblait inadmissible
que, pour exercer sa « vindicte » personnelle,
il s'abritât derrière la vindicte publique.

Il me paraissait que, à défaut d'autres raisons, son intimité avec la plupart de ceux qui
avaient accusé M. Viet-Dubourg d'être l'auteur
du pamphlet, (et au profit desquels ma confiance
du 3 mai avait tourné), eût dû plutôt le porter
à tenter d'empêcher le procès.

Ces derniers, en effet, en apprenant l'assignation, furent presqu'aussi troublés qu'à l'apparition du sus-dit pamphlet.

Ils m'affirmèrent savoir que M. Viet-Dubourg
était « poussé par la réaction qui, exploitant ses
ressentiments, espérait tirer profit de l'affaire
par la publicité que l'audience donnerait aux
diffamations du libelle ». Leur opinion très arrêtée fut qu'il fallait, à tout prix, contraindre le
plaignant à se désister et M. M. Pradal préten-
dirent avoir trouvé un moyen infaillible de l'y
amener. Il s'agissait de publier dans le **Patriote** une série d'articles contenant, sur des
actes plus ou moins publics de M. Viet-Dubourg,
des renseignements qui, d'après le « Frère
François ». ne pouvaient manquer de « lui
mettre la puce à l'oreille, l'inquiétude au cœur
et de la prudence dans l'esprit. »

Pour commencer cette campagne, M. Charles
Pradal me remit, copié de la main du Secrétaire de la Mairie, un procès-verbal dressé par
le commissaire de police et qui transformait

en une « violation de sépulture » une exhumation faite seulement dans des conditions irrégulières.

Je publiai ce procès-verbal presque textuellement, en remplaçant seulement les noms propres par des allusions transparentes.

Très-loyalement, je le confesse ici ; dans cette circonstance, je me prêtai à une mauvaise action ; et le besoin que j'avais de réunir des « moyens de défense » ne peut m'excuser d'en avoir accepté de pareils.

Outre que je n'avais eu qu'à me louer de mes rapports avec M. Viet-Dubourg, son âge comme son passé politique m'imposaient vis-à-vis de lui une respectueuse déférence. En y réfléchissant aujourd'hui, je reconnais y avoir manqué sous l'influence malsaine de ses adversaires et dans l'entraînement de la polémique. Je n'ai rien à attendre de lui et je ne lui tends point la main ; mais je lui exprime mes regrets et le prie d'agréer mes excuses. Les hommes de cœur comprendront et approuveront le sentiment qui me dicte cette amende honorable ; mais si la loyauté ne me l'imposait pas, la duplicité que m'ont depuis montrée ceux au nom et au profit desquels j'attaquai M. Viet-Dubourg l'arrachait à mon indignation !

Le soir même du jour où la première attaque parut, un homme clairvoyant et droit. — je crois pouvoir le nommer, c'est M. Lamare, avoué, — me fit observer que je m'engageais dans une voie dangereuse et que de pareils articles, publiés entre l'assignation et l'audience, devaient produire une mauvaise impression sur l'esprit des juges.

L'avis était sage et, m'y conformant, je rendis à MM. Pradal, ainsi qu'à M. Meunier, les « petits papiers' » qu'ils m'avaient remis pour « violenter » M. Viet-Dubourg.

Il me fallait, dès lors, songer à préparer ma défense et je résolus de la présenter moi-même.

En annonçant, dans son assignation, qu'il ferait « la preuve par témoins », le demandeu m'indiquait le terrain où je devais venir. J'informai tous ceux qui, dans l'affaire du pamphlet, avaient joué un rôle que je les ferais assigner comme témoins à décharge.

Cè fut parmi eux un trouble qui s'exhala dans une protestation indignée. Ils se réunirent dans un conciliabule où je [fus appelé. M. Le Lyonnais, — oubliant que, dans la soirée du 3 mai, j'avais dû protéger M. Viet-Dubourg contre ses violences et ses injures — me tint à peu près ce langage : « C'est malgré nous que, dans votre conférence, vous avez parlé du pamphlet et interpellé celui que vous présumiez en être l'auteur. Vous vous êtes mis dans le pétrin ; tirez-vous en comme vous pourrez, mais nous ne nous laisserons pas compromettre davantage par vous. »

On me lâchait sans vergogne ; je résolus alors de casser les vitres.

— Eh bien, répartis-je, je me défendrai seul et je saurai faire comme je saurai dire toute la vérité.

Parti le soir même pour Paris, afin de prendre conseil d'hommes compétents, j'y reçus, le 18 octobre, une lettre par laquelle les membres de mon conseil d'administration me mettaient

véritablement en demeure de faire défaut à
l'audience du 23.

« Ce n'est pas vous personnellement, me disaient-ils, que l'on vise, ce sont ceux que vous
avez si énergiquement défendus de votre plume
et de votre parole. Si ce procès réjouit nos adversaires, c'est qu'ils en attendent scandale et
profit. Se prêter à ce jeu, ce serait desservir
les hommes et la cause dont vous avez assuré
le triomphe aux élections du mois de Mai ; vous
ne le voudrez pas. Nous vous demandons de ne
pas comparaître et, en accédant à cette demande,
vous acquerrez de nouveaux titres à notre
estime, à notre reconnaissance et à notre
amitié. »

On peut croire qu'il m'en coûta d'accéder à
ce « vœu » ; mais je me réservai le droit de
faire la lumière par tel autre moyen que me
dicterait le souci de ma dignité.

Le tribunal, — en dépit des « réquisitions »
qu'il avait plu à M. le Procureur de faire prendre par son substitut, — me condamna à un
franc de dommages-intérêts, pour toute peine.

Mais ce jugement ne faisait pas « la vérité
sur l'affaire de Pamphlet » et, pour faire cette
« vérité », je publiai une petite brochure qui,
bien que n'engageant pas le **Patriote**, enga-
geait son Conseil d'administration, puisqu'elle
ne parut qu'après avoir été corrigée par lui et
avec son approbation. C'est assez dire que tout
ce qui pouvait compromettre MM. Pradal et
consorts en fut scrupuleusement expurgé.

Cet opuscule — aussi incomplet qu'incolore
— n'en donna pas moins lieu à de nouvelles
poursuites de la part de M. Viet-Dubourg, qui,

pour faire d'une pierre deux coups, poursuivit en même temps comme le diffamant l'article sur la « Violation de sépulture ».

On redit encore que M. Drouard, très irrité du jugement anodin rendu dans le premier procès, avait poussé à ces nouvelles poursuites.

Je ne saurais mieux prouver le peu de créance que j'accordais à ce « racontage » qu'en rappelant un fait indéniable. Les membres du Comité du **Patriote** — sur la recommandation de MM. Pradal — firent choix, pour plaider dans les deux affaires, d'un avocat connu pour être dans des relations d'intime amitié avec le Procureur de la République de Saint-Brieuc. Non seulement je ratifiai ce choix, mais c'est moi qui allai réclamer le concours de cet avocat. Il l'accorda avec empressement, reçut et étudia les dossiers; mais, une indisposition l'ayant mis dans l'impossibilité de venir à Saint-Brieuc au jour fixé, (le 22 janvier 1885), il écrivit au président du tribunal pour demander le renvoi des deux affaires au 19 février, ce qui fut accordé.

Grand fut donc mon étonnement lorsque, le 2 février, je reçus de cet avocat une lettre dans laquelle il m'annonçait qu'il ne voulait plus plaider.

A quelle cause attribuer cette étrange résolution qui, tout en me mettant dans un grand embarras, pouvait déconsidérer ma cause aux yeux de l'opinion, sinon dans l'esprit des juges ?

M. Drouard s'était marié dans les derniers jours de janvier et l'avocat en question avait assisté à ce mariage; or, c'est le lendemain qu'il reprenait sa parole et me renvoyait mes pièces. Qui donc l'avait dissuadé de présenter ma défense ? Que ceux qui me lisent répondent ; le rébus est facile à déchiffrer.

En hâte, je fis appel au concours du député M. Gerville-Réache qui, sur l'insistance et d'après les instructions de M. Armez alors son collègue, accepta.

En maintes occasions (et particulièrement comme rapporteur du Congrès réuni pour la revision de la Constitution) il avait fait preuve de talent et d'autorité. Or, de l'avis unanime, il fut, en plaidant pour moi, au dessous de l'ordinaire. L'éloquence faisait aussi complètement défaut que l'argumentation ; la parole était hésitante, embarrassée, timide, embrouillée. A diverses reprises, je voulus intervenir pour suppléer à l'insuffisance de sa défense ; il s'y opposa de la façon la plus absolue, au grand étonnement de l'auditoire.

Lorsque, plus tard, j'ai connu et compris les raisons de son attitude et les causes de son infériorité, j'ai dû l'excuser.

M. Gerville-Réache, étant arrivé à Saint-Brieuc 24 heures avant moi, avait été reçu, accaparé par MM. Pradal et — c'est avec regret que j'ajoute — par M. Meunier, qui l'avaient circonvenu et stylé.

J'avais donné à l'avoué ordre de citer un certain nombre de témoins dont les dépositions eussent établi la responsabilité de MM. Pradal, tant dans ma conférence du 3 mai que dans les diverses publications dont M. Viet-Dubourg s'était trouvé offensé. On persuada à mon avocat que l'audition de ces témoins aurait pour résultat de compromettre les « chefs du parti Républicain », de fournir des armes à la réaction et que, mal pour mal, des condamnations étant inévitables, il valait mieux qu'elles retombassent sur M. Le Nordez — qui avait quitté le **Patriote** et n'en pâtirait d'aucune façon — que sur l'état-major du parti.

Sans réussir à convaincre M. Gerville-Réache, ces raisons jetèrent, néanmoins, dans son esprit un · trouble et des craintes qui se traduisirent dans ses plaidoieries par une évidente absence de conviction et de liberté de pensée.

Afin qu'il s'opposât à ce que je prisse la parole, on lui suggéra un de ces arguments toujours concluants pour des gens de cœur. MM. Pradal lui affirmèrent que c'était à l'insu du Maire que le Secrétaire en chef de la Mairie, M. Ramel, m'avait remis copie du procès-verbal relatif à l'exhumation faite irrégulièrement par M. Viet-Dubourg. Et ils lui firent envisager que la divulgation de cette « indiscrétion » aurait pour conséquence la révocation forcée de cet employé.

Or, je savais pertinemment que M. Ramel n'avait, en cette occasion, agi que sur l'ordre du Maire et, connaissant sa droiture, je ne doutais pas qu'il ne l'affirmât comme témoin (1). A son défaut, d'ailleurs, il me suffisait de produire la copie qu'il m'avait remise — et que j'ai en ma possession, — copie qui, dans diverses corrections, porte l'incontestable « approbation » de M. Pradal. Mais, dans les deux cas, je brisais la carrière d'un chef de famille honnête, travailleur et digne autant de l'estime

(1) Ces détails peuvent être aujourd'hui publiés sans nuire à M. Ramel, puisqu'il est mort.

que de la sympathie de tous. Placé dans l'alternative de le perdre ou de me laisser accuser — et accuser sans me défendre, — je n'hésitai pas. Je me tus et laissai mon avocat.... patauger.

Les jugements qui furent rendus ne lui en parurent pas moins.... étranges, car en les apprenant, il m'écrivit : « Je trouve les condamnations prononcées contre vous d'une sévérité qui dépasse tout ce qu'on peut concevoir en droit et en équité. »

Je prie M. le juge Lemoign, — dont j'ai tout récemment reçu, à propos de mes Lettres, une épitre quelque peu « comminatoire » — de bien remarquer que ce n'est point moi qui parle ainsi, mais un avocat-député.

Si je reproduis son appréciation sur les jugements du tribunal de Saint-Brieuc, ce n'est point « pour maudire mes juges » ; c'est uniquement pour bien établir que l'honorable M. Gerville-Réache a été dupe et nullement complice des agissements que je viens de relater.

Il n'en est pas moins vrai que j'ai été la victime des machinations, des fourberies et de la mauvaise foi de ceux-là même pour lesquels je m'étais dévoué jusqu'à me compromettre, dont j'avais sauvé... plus que l'écharpe municipale, plus que l'élection, plus que la cause, l'honneur même ! Ce n'est pas là de l'ingratitude, mais une odieuse trahison !

Gloser sur de tels faits ne peut qu'en amoindrir le caractère haïssable et je juge qu'il m'a suffi de dévoiler d'aussi viles intrigues pour attirer sur leurs auteurs le mépris public.

Il me reste seulement à donner un détail particulièrement édifiant.

Pour décider l'avocat à se moins préoccuper de mes intérêts personnels que de ceux de la Coterie, (qu'il prit pour l'état-major du parti républicain de ce département), on lui avait — je l'ai dit — donné l'assurance que je n'aurais en aucune façon à pâtir des condamnations qui seraient prononcées.

Il y eut prison, amendes et dommages-intérêts.

Si, par décision du garde des sceaux, remise me fut faite de la peine d'emprisonnement, j'en suis redevable à M. le Général Pittié, alors secrétaire général de la Présidence de la République Aucune démarche ne fut faite, pour m'obtenir cette « grâce », par M. le député Armez.

Par contre, celui-ci entendait mettre à ma charge une large part des frais !

« Fourber un fourbe, a dit un... moraliste, est œuvre louable ». Lorsque, sans vergogne, il m'invita à verser ma « cotisation », je le priai de faire liquider la totalité des dits frais et de remettre la fixation du « dividende » au jour prochain où l'assemblée générale des actionnaires du journal serait appelée à faire « l'apurement de mon compte comme administrateur délégué de la Société »

Mais, avant d'aborder la « question d'argent — qui aura pour mes lecteurs un intérêt imprévu — j'ai à en traiter une qui en est un peu le prodrome ; je veux parler de la « laïcisation de l'École de Plouha ». En elle-même, l'affaire semble peu importante et ce

n'est point parce qu'elle a amené mon départ
du **Patriote** que je lui donne de la gravité ;
j'en ai d'autres raisons que l'on trouvera dans
l'exposé suivant.

Il y avait une fois, dans une grosse commune du canton de Paimpol, — dont M. Armez
est le Conseiller général, — deux républicains
qui se disputaient et tour à tour s'arrachaient
l'écharpe municipale. L'instituteur, — qui bien
à tort se mêlait de politique, — ayant pris
fait et cause pour l'un, était à couteau tiré
avec l'autre. Quand cet « autre » redevint
Maire, il réclama à cor et à cri le déplacement
de « l'agent de son adversaire ». Mais l'instituteur était le gendre d'un républicain très influent de l'arrondissement de Saint-Brieuc, —
dont M. Armez était alors député,— et le beau-
père n'entendait pas que, pour satisfaire les
calculs et les haines d'un Maire grincheux, on
portât préjudice au mari de sa fille, en l'envoyant dans un poste mois important ou plus
éloigné de sa famille.

Toujours et uniquement préoccupé de ses
réélections, M. Armez, voulant ménager et
contenter tout le monde, Maire et beau-père,
gendre et amis, avait promis à l'instituteur en
question la direction de l'école de Plouha.

Cette école était alors tenue par les frères
de la congrégation de Ploërmel et le directeur
avait « droit à la retraite ». Sachant qu'il
n'avait pas l'intention de faire valoir ce droit,
M. Armez demanda qu'on le retraitât d'office,
ce que le Préfet s'empressa de faire. Mais, lorsqu'il s'agit de laïciser la susdite école, le prudent
M. Cavé-Esgaris, invoquant la loi, voulut être

couvert par l'administration municipale de
Plouha. Le Maire, pressenti à ce sujet, se dit
prêt à soumettre la question à son Conseil.
Mais, ayant des motifs pour craindre un vote
défavorable, M Armez préféra tourner la difficulté et la loi. Il invita le Préfet à un déjeu-
ner dans son manoir de Plourivo, le circonvint,
l'obséda et, finalement, le décida à laïciser la
dite école sur une simple demande du Maire.
Certain que celui-ci refuserait de la faire s'il en
comprenait la gravité et la lourde responsabilité, M. Armez se vanta d'avoir un sûr moyen de l'enjoler. Ce ne devait pas être bien
difficile, car celui qu'on nomme familièrement
le « Petit Bessard » a plus de vanité que de
malice.

Mais qui se chargerait de le « mettre dedans »?
Le factotum de la Coterie, — j'ai nommé
M. Meunier — s'offrit pour cette « mission
diplomatique », non sans une arrière pensée.
J'avais déjà, par quelques critiques discrètes,
agacé M. Cavé-Esgaris et M. Meunier redoutait,
par dessus tout, que cela brouillât sa famille
avec la Préfecture! Il espérait conjurer ce « dé-
sastre » en tirant à la fois M. Armez et M le
Préfet de l'embarras extrême dans lequel
« l'affaire de Plouha » les mettait tous deux.

A la condition formelle que le parti et son
organe poseraient, défendraient et soutiendraient
par tous les moyens en leur pouvoir sa candidature au Conseil Général dans les prochaines
élections, le « Petit Bessard » signa une lettre
dans laquelle on lui faisait dire que, si la mise à
la retraite du frère directeur était un fait accompli, il croyait que la population accueillerait

favorable.nent la laïcisation.

Le diable de Préfet — qui entendait être couvert, non seulement vis-à-vis du ministre mais vis-à-vis de la majorité peu « laïcisatrice » de l'assemblée départementale,— exigea que le maire de Plouha affirmât, (et non qu'il « crût ») que la majorité de son conseil municipal, (et non la « population ») désirait la laïcisation.

M. Armez, au désespoir, pria M. Meunier de tenter un second assaut et, se voyant déjà Conseiller Général, Mr Bessard grisé signa ce qu'on voulut.

Le Préfet laïcisa ; mais, pour conjurer les récriminations de MM. de Launay et de leurs amis, il se hâta de communiquer au supérieur général des frères de Ploërmel les lettres du maire de Plouha, en rejetant sur lui l'initiative et la responsabilité de la mesure.

Le « Petit-Bessard » se vit alors attaqué, avec une violence extrême, par les journaux de la droite qui lui prêtaient un rôle odieux en même temps que grotesque.

Bien qu'ignorant encore sur l'affaire les détails qu'on vient de lire, je crus de mon devoir de le défendre. M. Armez, pour m'en dissuader, m'écrivit : « Ce serait attaquer le Préfet et faire la joie de nos adversaires ». Il ajoutait :

Nos amis sont très forts pour nous pousser de l'avant, mais ils n'osent pas se compromettre. Ils réclament bien des laïcisations ; mais ils voudraient pouvoir ensuite dire aux gens qui se plaignent qu'on laïcise malgré eux. Ils devraient au moins avoir le courage de leur opinion.

D'après ce qui précède, on peut juger que si quelqu'un méritait de tels reproches, ce n'était pas le maire de Plouha. Celui qui n'avait pas osé se compromettre, — celui qui, après avoir poussé autrui en avant, cherchait à échapper à toute responsabilité, — celui qui n'avait pas le courage de ses actes, c'était M. Armez !

Lorsque je fus renseigné par M Bessard, la duplicité dont on usait envers lui me révolta. Lui me parut surtout affecté de l'échec auquel était évidemment condamnée, par le fait de ces polémiques, cette candidature au Conseil Général pour le succès de laquelle il s'était précisément compromis.

Je m'intéressai à cette nouvelle victime de la Coterie et, pour la défendre, j'attaquai le Préfet en lui reprochant surtout d'avoir usé de la lettre subtilisée au maire de Plouha pour se justifier vis-à-vis du supérieur de Ploërmel, auquel il n'avait point à rendre compte de ses actes préfectoraux.

M. Cavé-Esgaris, qui savait le rôle joué en cette affaire par M. Armez, le mit en demeure de réprouver cet article et d'en enrayer l'action en me révoquant de mes fonctions de Directeur du **Patriote**. Pour des raisons que je ferai connaître, M. Armez n'était pas libre de résister ; il promit au Préfet ma révocation immédiate et, pour tenir cette promesse, il fit appel à MM. Pradal, dont l'astuce n'est jamais prise au dépourvu.

Bien qu'il ne fit point partie du conseil du journal et qu'il n'eût conséquemment aucun titre pour intervenir, ce fut M. Charles Pradal qui en convoqua les membres, ainsi que l'atteste une lettre de M. Armez me disant :

M. Pradal m'ayant écrit qu'il y avait urgence à réunir notre Conseil, je lui ai répondu par télégraphe de convoquer pour un jour prochain à son choix.

Il était utile de prouver l'intervention de MM. Pradal dans cette nouvelle intrigue qui, d'ailleurs, échoua.

Mon article était du 21 septembre ; la réunion du Conseil eut lieu le 25. Il n'avait point à discuter, mais simplement un vote à émettre et, comme M. Armez n'avait pas eu le temps de styler ses collègues avant la réunion, — à l'unanimité, moins sa voix, mon attitude vis-à-vis du Préfet fut approuvée.

En l'apprenant, ce dernier montra la plus vive irritation, déclarant à qui voulut l'entendre qu'il n'aurait désormais « aucunes relations avec les gens du **Patriote** ».

Et de fait, la famille de M. Meunier se vit
éloignée — oh! pour un temps seulement —
de la Préfecture ; M. François Pradal ne fut
plus le Conseiller intime du Préfet et son frère
Charles s'entendit traiter par lui de « pauvre
pleutre ».

Le plus maltraité fut M. Armez. Lorsque, —
pour annoncer, expliquer et « déplorer » la décision du Conseil du **Patriote**, — il se présenta chez M. Cavé-Esgaris, celui-ci le mit à la
porte de son cabinet en le priant de n'y point
remettre les pieds !

Très fier de cette incartade, le Préfet s'en
vanta et, dès le lendemain, toute la « Gentry »
de Saint-Brieuc, s'en gaussait à bon droit.

A tous ceux qui savent quelle est, en ce
temps-ci, l'omnipotence des députés auprès des
ministres qu'ils soutiennent de leurs votes, il
semblera que l'injure faite à M. Armez, dût-
être immédiatement suivie du déplacement, sinon de la révocation, de M. Cavé-Esgaris.

Il n'en fut rien.

Bien plus; non seulement M. Armez ne demanda aucune réparation, mais il ne songea pas
même à se trouver offensé et parut uniquement
préoccupé de rentrer en grâce auprès de l'iras-
cible Préfet.

On refuserait de croire à tant de mansuétude
— j'ai failli écrire « platitude » — si je ne
disais pas les raisons... secrètes autant
qu'impérieuses qui l'imposaient à M. Armez.

Je les dirai dans ma douzième et dernière
Lettre.

E. LE NORDEZ.

P.S. — M. François Pradal aurait, m'assure-t-on,
fait rectifier par le **Patriote** certaines assertions de
ma 8ᵉ **Lettre**. Je lui en donnerai acte dès que je
connaîtrai les termes de sa rectification.

COUPS DE GARCETTE

LETTRES

UR LA SITUATION DU PARTI RÉPUBLICAIN

DANS LES COTES-DU-NORD

PAR

E. LE NORDEZ

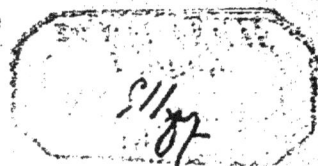

12ᵐᵉ LETTRE

EDITEUR : BARROUX-GAUVIN, rue des Jacobins
A POITIERS

12me LETTRE

20 Septembre 1887

CHERS ET BIENVEILLANTS LECTEURS,

Au moment où « l'audience » que vous m'avez accordée va prendre fin, je m'aperçois que j'ai omis une foule de choses dont je devais vous entretenir. Comme je veux combler ces lacunes, je crois prudent de réclamer toute votre indulgence pour le décousu possible de cette dernière lettre.

Tout d'abord, d'après « l'ordre du jour », je dois établir que, mis par M. Cavé-Esgaris à la porte du cabinet préfectoral, M. Armez, non seulement accepta l'outrage sans se plaindre, mais fit, pour se faire rouvrir cette porte, les plus humiliantes démarches.

Trois jours après son « expulsion », il m'écrivait :

> Je conviens (!) que la conduite du préfet, lors de ma visite n'est pas encourageante. (!!!) Toutefois, je crois que je dois faire le sacrifice de mon amour-propre à l'intérêt du parti.

On n'est pas plus accommodant.

M. Besnier l'était moins. D'après lui « l'intérêt du parti » était que son chef se fît respecter et que le « député » ne laissât pas un « préfet » outrager dans sa personne des milliers d'électeurs.

J'ai dit par quels spécieux arguments M. Ar-

mez avait amené le Conseil d'administration du
Patriote à faire paraître « un article conciliant de nature à calmer le Préfet » et par
quelles « épreuves » cet article avait passé
avant de paraître.

Les lettres suivantes traduisent bien les sentiments qui agitaient M. Armez.

J'ai, depuis trois jours, passé mes matinées dans l'antichambre du ministère de l'intérieur sans être reçu.
Ma persévérance lassera finalement sa résistance.

Le lendemain, nouvelle lettre :

Enfin ! J'ai vu Waldeck-Rousseau qui était très
monté ; je l'ai calmé en l'assurant de nos dispositions
conciliantes et je l'ai prié de me ménager avec M. Cavé-
Esgaris une entrevue qui arrangerait tout. Il me l'a
promis.

Une seconde lettre du même jour débutait
ainsi :

Il serait nécessaire que l'article projeté parût avant
la venue du préfet, pour que je le remette au ministre,
comme preuve indubitable de notre entière bonne
volonté.

L'article en question parut dans le **Patriote**
du 18 novembre. Le préfet partit pour Paris
le 19 ; le 20, M. Armez — qui avait été avisé de
ce départ par dépêche — m'écrivait :

Ne voulant pas que, pour une petite question
d'amour-propre, la conciliation échoue, j'ai été déposer
ce matin ma carte à l'hôtel du Préfet. Nous devons nous
rencontrer demain dans le cabinet du Ministre.

Le 22, je reçus ces simples mots :

Tout est arrangé à la satisfaction générale. Je vous
raconterai ça verbalement. ARMEZ.

D'après ce « racontage », le ministre avait
lavé la tête au préfet ; celui-ci avait sincère-

ment regretté « son petit moment de vivacité »
envers M. Armez qui, magnanime, avait cor-
dialement serré la main de M. Cavé-Esgaris !

Et voilà comment tout était arrangé à la satisfaction générale !

La version du Préfet différait sensiblement.
Je retrouve « l'information » suivante que me
remit à ce sujet un « reporter » très autorisé.

M. Cavé-Esgaris affirme que le Ministre a donné à
ses actes préfectoraux la plus entière approbation ; il
exhibe une lettre des plus flatteuses qui en fait foi.

D'après lui, c'est M. Armez qui a eu là « la tête
lavée », mais « il a filé doux et pour cause. »

Cette « cause » est tenue secrète, mais elle paraît
avoir obligé le président du conseil d'administration du
Patriote à donner des garanties contre le retour de
toute critique du journal sur le Préfet ou sur n'importe
quel fonctionnaire de l'État.

Rejetant la responsabilité du récent conflit sur le
Directeur du Patriote — « homme violent, compromettant et absolu », — ainsi que sur le Conseil —
« en majorité composé d'hommes n'ayant pas assez de
valeur et d'énergie pour lui résister », — M. Armez a
formellement promis que tout s'arrangerait dans l'Assemblée Générale des actionnaires de ce journal qui
doit avoir lieu dimanche prochain. On a, paraît-il, un
très sûr moyen d'amener les actionnaires à se séparer
du Directeur et des administrateurs qui le soutiennent
et on est certain qu'ils se démettront en présence d'un
vote de blâme. Pleine satisfaction sera ainsi donnée au
Préfet.

Je dois dire que si les évènements vinrent
sans tarder prouver la vérité des assertions du
Préfet, ils ne répondirent pas à l'attente de
M. Armez.

On a pu lire, dans ma 5e lettre, (pages 68 et
69), les incidents de l'assemblée générale dont
il est ici parlé. En s'y reportant, on verra que
le « moyen » imaginé par la Coterie pour arracher aux actionnaires un vote favorable à ses
vues était loin d'être aussi « sûr » qu'elle l'avait

cru, puisqu'il échoua piteusement, en dépit des
manœuvres de MM. Pradal, de l'hypocrisie de
M. Armez, et de l'éloquence de l'avocat Riou.

Dans le numéro du **Patriote** portant la
date du 25 novembre, le Conseil d'administration, fier de son triomphe, fit publier une note
ainsi conçue :

> L'assemblée générale des actionnaires du **Patriote**
> a eu lieu le 23 novembre. Les trois quarts et plus des
> porteurs de titres ont pu prendre part au vote. Les ac-
> tionnaires ont donné leur approbation à la politique du
> journal et renouvelé au Directeur l'expression de leur
> entière confiance.

J'ai dit que, dès ce moment, j'étais résolu à
donner ma démission.

Si je crus devoir attendre pour la rendre ef-
fective l'issue des procès intentés par M. Viet-
Dubourg, j'informai M. Armez de cette décision
irrévocable. Il ne put me dissimuler la joie qu'il
en éprouvait et, en assaisonnant la chose d'une
flatterie et d'un regret, il avoua que je le sortais
d'un grand embarras.

C'est ici le lieu de dire — pour ne pas l'oublier — la « cause » de la conduite de M. Armez
en toute cette affaire.

A défaut d'autre plus plausible, j'en trouvais
l'explication dans le désir qu'il avait d'assurer
son élection au Sénat par une entente avec
M. le duc de Feltre, chef du parti bonapartiste.

J'ai cité dans ma 4e lettre, (page 49) un
« petit mot » de M. Armez qui devait me confirmer dans cette opinion et, à la vérité, l'attitude prise par M. Cavé-Esgaris lui permettait
d'intervenir très fructueusement en faveur du
projet d'alliance.

Henri IV jugeait que « Paris vaut bien une

messe ». M. Armez pouvait trouver qu'un siège
au Sénat valait bien l'oubli de la grave offense que lui avait faite M. Cavé-Esgaris.

Mais telle n'était pas la vraie, ou tout au
moins la principale raison de l'humiliante soumission de M. Armez.

Je n'étais plus rien au **Patriote** lorsque j'ai
su la vérité et si je la révèle ici, c'est que je la
tiens d'une bouche autorisée.

Me trouvant dans un salon officiel, peu de
temps après la chûte du cabinet Ferry, la conversation tomba sur la « mise à pied » d'un
certain nombre de Préfets. Comme je me féli-
citais d'avoir concouru à la disgrâce de M. Cavé-
Esgaris, un personnage m'interrompit sèche-
ment.

— Votre journal était payé pour le défendre,
cependant.

Je demandai une explication et voici sous
quelle forme elle me fut donnée:

« Ce n'est sans doute pas pour battre ses
Préfets qu'un ministre donne aux journaux
des verges, je veux dire des subventions. Quand
on émerge aux fonds secrets, on cesse d'être
indépendant. »

Je protestai et alors, devant mon évidente
bonne foi, le personnage en question m'assura
que M. Armez, (alors député), avait reçu maintes fois une subvention ministérielle pour
« son journal », à la condition que celui-ci
donnerait un concours dévoué au cabinet et
spécialement au Préfet du département.

Je pouvais attester qu'aucune somme n'était
à ce titre entrée dans la caisse du **Patriote**.
Mais alors quel emploi M. Armez avait-il fait

de l'argent reçu par lui?

Je me souvins que, régulièrement, il s'était fait remettre par le trésorier des actions de la Société, qu'il libérait entièrement et qu'il faisait inscrire sous les désignations réellement anonymes de Messieurs F', L, P, R, U, X, Z, etc. etc...

D'après les statuts, les titres étant nominatifs et nul ne pouvant devenir actionnaire sans l'avis préalable du Conseil, je trouvais bien la façon de procéder de M. Armez irrégulière; mais je lui donnais une raison qui l'excusait. Me souvenant de la promesse qu'il avait faite aux actionnaires lors de la fondation du journal, (voir la 5me lettre, page 63), je crus que, par des générosités spontanées et discrètes, M. Armez voulait reconnaître les services que le **Patriote** lui rendait.

Ils n'étaient pas sans valeur à vrai dire. Il y eût eu de la matière pour quatre éditions du journal rien qu'avec les articles qu'il me demandait. Quand ce n'était pas ses votes à la Chambre qu'il fallait commenter, ou les motions faites par d'autres, dans les rares commissions où il siégeait, qu'il fallait trouver moyen de mettre à son actif, c'étaient les faveurs accordées à des électeurs du département qu'il était « urgent » de mentionner.

Mon confrère de l'*Union Libérale* de Dinan m'a donné de cette « urgence » une plaisante explication.

Voulant, en vue du scrutin de liste, se créer des sympathies électorales dans les divers arrondissements, M. Armez n'avait rien trouvé de mieux que de s'attribuer le profit des faveurs dues aux sollicitations et aux démarches de tel ou tel de ses collègues de la députation. A cette fin, il faisait tous les jours une tournée matinale dans les ministères, s'enquérait des décisions intéressant quelqu'un de son département, en prenait note et, — souvent par dépêche pour arriver le premier, — il avisait les intéressés, en les assurant de son dévouement. La publicité du journal devait couronner le succès de ces petites manœuvres.

J'avoue que les trois ou six cents francs de titres que, prenait de temps en temps, M. Armez me paraissaient, pour un millionnaire comme lui, une assez modeste rétribution de la publicité dont il disposait.

On peut croire qu'il se mêla quelqu'irritation à ma surprise quand j'appris que c'était la « caisse des fonds secrets » qui avait fourni aux largesses du dit millionnaire !

Certes, le pot aux roses ainsi découvert, on s'explique aisément que M. Cavé-Esgaris ait pu traiter M. Armez comme un valet infidèle au maître qui le paie et la « mansuétude » de celui-ci se comprend et au delà.

Mais je le demande à ceux qui ont pu me trouver sévère à son endroit dans ces « **Lottres** », n'ai-je pas des raisons de lui en vouloir pour avoir ainsi trafiqué, de ma plume, de mon indépendance, de mon honneur d'écrivain ?

L'indépendance que j'ai montrée vis-à-vis M. Cavé-Esgaris, prouve surabondamment que j'étais dans l'ignorance la plus complète du marché fait par M. Armez et c'est, en ce qui me concerne, tout ce que je tiens à établir.

Mais, les Républicains qui étaient alors actionnaires du **Patriote** prendront peut-être la
chose moins philosophiquement. Ils ont, en
effet, été doublement joués. D'une part. M. Armez a aliéné la liberté du journal dont ils
avaient voulu et cru faire l'organe indépendant de leur parti. D'autre part, dans leurs
Assemblées générales, M. Armez, — se constituant le mandataire et le représentant des
porteurs supposés de tous les titres payés avec
les subventions ministérielles — pouvait disposer de ces prétendues voix et, dans bien des
cas, déplacer la majorité pour en former une
aussi favorable aux intrigues la Coterie que
contraire aux intérêts des membres de la
Société.

On peut aussi se demander qui eût touché
les dividendes ou les coupons de ces titres dans
le cas où la Société eût réalisé des bénéfices ?

Mais ce sont là comptes à régler entre les
associés.

C'est aux membres du parti Républicain
qu'il appartient « d'apurer » ceux de M. Armez et de voir si, en approuvant l'opération que
je viens de dire, ils veulent en avoir leur part
de... profit, mais aussi de responsabilité.

Quant à moi, j'ai hâte de « régler mes comptes » avec le **Patriote**, pour n'avoir plus rien
à faire avec ceux qui le... soutiennent.

Les procès de M. Viet-Dubourg ayant été,
ainsi que je l'ai dit, renvoyés du 22 janvier au
19 février, j'adressai, aussitôt ce renvoi décidé,
la lettre suivante, au Président du Conseil d'administration de la société.

Saint-Brieuc, le 19 janvier 1883.

Monsieur le président,

J'ai l'honneur de vous adresser ma démission de Directeur du **Patriote** et d'administrateur délégué du Conseil de la Société de ce journal.

Si je remettais cette communication jusqu'après les élections sénatoriales, d'aucuns pourraient l'attribuer aux résultats de celles-ci et j'ai des raisons personnelles de ne vouloir pas plus accepter une part dans le succès qu'une responsabilité dans l'échec.

Le vote de confiance que l'Assemblée générale des actionnaires m'a accordé le 23 novembre devait mettre un terme à l'opposition acrimonieuse que me font quelques uns de vos amis. Elle est devenue, au contraire, plus violente et plus injuste.

Il ne me convient pas de lutter plus longtemps contre des préventions offensantes pour moi et qui, tout en rendant mes efforts stériles, ne pourraient que diviser davantage votre parti.

Recevez etc.

Une assemblée générale des actionnaires pouvait seule accepter ma démission de Directeur et me donner « quitus » comme administrateur délégué. Je demandai vainement qu'on la convoquât pour qu'elle eût lieu avant mon départ de Saint-Brieuc. On attendit trois mois pour le faire ; elle fut annoncée pour le 26 avril.

Comme propriétaire d'actions d'apport, j'avais le droit d'y venir et l'apurement de mes comptes exigeait que j'y assistasse.

Mais les membres de la Coterie, comprenant que je saisirais cette occasion pour démasquer leurs intrigues devant les représentants nombreux de leur parti, voulurent échapper à cette suprême confusion.

Le 7 avril, je reçus de M. Armez, la lettre que voici :

Cher Monsieur,

La société du journal menace de se désagréger par suite de la rivalité entre vos partisans et vos adversaires. J'attends de vous un service personnel qui m'aiderait à remettre un peu d'union et dans notre société et dans notre parti. Il se produirait, en effet, un grand appaisement si, à l'Assemblée du 26 de ce mois, je pouvais déclarer que vous n'êtes plus intéressé à aucun titre dans l'affaire du **Patriote**.

Je viens donc vous prier, puisque vous avez spontanément renoncé à la direction du journal, de renoncer ainsi aux droits que vous donnent la possession des actions qui vous ont été délivrées.

Votre dévoué,

L. ARMEZ.

Ces actions m'avaient été délivrées en rémunération des « services administratifs » que j'avais rendus à la Société. Elles représentaient une réelle valeur et, comme j'avais annoncé l'intention de m'en dessaisir, un des républicains les plus honorables de Saint-Brieuc m'avait, avec l'autorisation du Conseil d'Administration, demandé de les lui céder. M. Armez ne l'ignorait pas et, dès lors, il avait me demander, par la lettre qu'on vient de lire, un sacrifice d'argent en même temps qu'un sacrifice d'amour-propre particulièrement pénible.

Voici, nonobstant, en quels termes je lui répondis.

Pour rassurer ceux qui redoutent encore mon intervention dans l'affaire du **Patriote**, comme pour prouver une fois de plus mon désintéressement à ceux qui m'ont conservé leur confiance, j'ai l'honneur de vous adresser ci-inclus les titres dont je suis porteur. Par cet abandon, je cesse absolument de faire partie de votre Société ; mais il va de soi que celle-ci me dégagera à son tour absolument vis-à-vis d'elle.

En m'accusant réception de mon envoi,
M. Armez m'écrivit :

Je vous remercie de cette nouvelle preuve de dé
vouement que vous venez de nous donner. Au « quitus » que vous délivrera l'Assemblée générale , se
joindra sa reconnaissance.

Un grand nombre d'actionnaires m'ayant
écrit pour me supplier de venir « quand même »,
M. Armez inquiet m'en dissuadait dans les termes suivants :

Personnellement, je serais enchanté (!) de vous voir
dans notre assemblée du 26, car vous nous seriez fort
utile pour nous sortir de l'embarras où nous sommes
depuis votre départ ; mais je crains que votre présence
ne soit l'occasion ou le prétexte d'un conflit regret-
table entre vos partisans et vos adversaires.

Et, dans sa terreur de me voir apparaltre,
M. Armez me suppliait, le samedi 25, par deux
dépêches, de ne pas venir !

Pouvait-on mieux avouer que mes adversaires étaient « Coterie » et que mes partisans
étaient « majorité » ?

J'emprunte au compte-rendu de l'Assemblée
générale du 26 avril , fait par M. Armez, les
passages me concernant :

La démission de M. Le Nordez ayant été régulièrement acceptée, j'ai donné lecture d'une lettre par
laquelle il me faisait connaître que, pour des motifs
qui font honneur à son caractère, il renonçait à sa qualité d'actionnaire et par conséquent à tout droit d'intervenir désormais dans les affaires de notre Société.
La comptabilité de notre ancien Directeur ayant été
trouvée parfaitement régulière et sa gestion conforme
aux décisions des précédentes Assemblées générales,
nous avons proposé de donner à M. Le Nordez quitus
et décharge de sa gestion arrêtée au 31 janvier 1885.
Cette proposition a été adoptée sans observations.

A mon entrée au **Patriote**, une somme de
4000 francs m'avait été avancée par le banquier
du journal,— sur ordre et signature du trésorier, M Meunier,—pour faire face à une partie
des dépenses qu'entraînaient mon déplacement
et mon installation à Saint-Brieuc. Cette avance
devait, avec le temps, être « compensée » par
les avantages de la situation qu'on me faisait ;
mais, productive d'intérêt à 6 o|o, elle se trou-
vait, quand je quittai cette « situation », portée
à 4,300 francs.

Cette « carte à payer » est tout ce que j'ai
retiré de mon équipée. C'est un peu cher pour le
plaisir que j'y ai trouvé !

Mais le plus drôle, c'est que, mes titres une
fois abandonnés, on me fit encore réclamer une
part des frais des procès faits par M. Viet-Dubourg !...

Il y a mieux encore.

Six mois après que quitus et décharge m'a-
vaient été donnés sans réserve, ainsi qu'on
vient de le voir, je reçus par carte postale, la
communication que voici :

Monsieur Le Nordez, journaliste, Poitiers.

Vous êtes invité à envoyer sans retard la somme de
150 francs que vous devez à la caisse du journal le
Patriote « à Saint Brieuc, si vous voulez éviter une
traite.

Les mots « à la caisse » étaient soulignés,
dans une intention facile à deviner, et cela était
signé de « l'administrateur. »

L'employé qui prenait ce titre me doit sa
situation ; mais il s'est cru obligé, pour la conserver, de se faire l'exécuteur empressé des
basses œuvres de la Coterie.

Passant de la menace à l'exécution, il tira, effectivement une traite sur moi, tout en sachant très bien qu'elle lui reviendrait refusée.

Cette machination eût tout le succès que ses auteurs en attendaient.

Elle fut — on peut deviner par qui — portée à la connaissance d'un de mes adversaires, qui imprima tout net que « M. le Nordez tripote dans la caisse des journaux qu'il dirige. »

Je ne fatiguerai pas mes lecteurs du récit de toutes les infamies dont les membres de la Coterie m'ont poursuivi depuis mon départ du **Patriote**. Ce serait écœurant et, d'ailleurs, sans utilité pour ma démonstration.

Si, pour en citer une, j'ai choisi la tentative de diffamation ci-dessus, ce n'est pas qu'elle soit la plus odieuse, c'est que la carte postale en question est une « pièce à conviction » que je pourrai produire si besoin est.

Et lorsque je mets le nez de ces gens dans leurs ordures, ils croient se... débarbouiller en m'accusant de faire « œuvre de haine? »

Quand cela serait, en résulterait-il que j'ai tort? Il est des cas — et c'est le mien — où la vengeance est, pour l'honnête homme, un devoir autant qu'un droit. Mais la haine n'exclut pas le respect et ceux dont je m'occupe ne relèvent que du mépris.

Ils ont aussi fait dire que, en les attaquant, je déconsidérais le parti dont ils se croient les chefs.

Ceci rappelle, en vérité, l'histoire de ce Curé qui, en matière de péroraison à un sermon sur l'adultère, dit connaître tant d'épouses infidèles dans sa paroisse qu'il pourrait à coup

sûr en atteindre une en jetant au hasard son
bonnet. Comme il semblait-joindre le geste à
la parole, toutes les femmes s'étaient enfuies
hors de l'Église.

Si vraiment, le parti Républicain de ce
département est à ce point identifié à la Coterie
qu'il se sente atteint quand je dévoile les méfaits
de celle-ci, je déclare que, loin de chercher à
surprendre la confiance de ce parti — ainsi que
M. Riou m'en a accusé — j'ai aujourd'hui regret
et honte d'avoir mérité cette confiance.

Quand on s'est fourvoyé en mauvaise compagnie, on s'honore en la quittant.

Mais, de même que je ne désespère pas du
triomphe de la démocratie française, je veux
croire que les Républicains des Côtes-du-Nord
trouveront, dans leur honnêteté et dans la sincérité de leurs convictions politiques, l'énergie
suffisante pour s'arracher à l'exploitation des
« souteneurs » qui, depuis trop longtemps,
vivent de la prostitution de leur confiance.

J'ai entendu, par ces Lettres, les y aider en
les éclairant.

Ai-je dit la vérité ? Toute la question est là.

Pour énoncer les faits, je n'ai pas pris de
détours et, quand cela m'a été possible, j'ai
apporté à l'appui de mes dires d'irrécusables
documents.

Les originaux des Lettres que j'ai citées sont
en mes mains et si quelqu'un s'avisait de s'inscrire en faux contre les citations, j'aurais pour
le confondre recours à la reproduction auto-
graphique.

Aux faits avancés par moi qu'a-t-on opposé
ou répondu ?

Oh ! je sais bien que les « fouaillés », affectant un stoïcisme qui en impose aux simples,
ont d'abord feint le dédain

Pour avoir quelque succès, cette « conspira-
tion du silence » eût dû être tenue complètement et jusqu'au bout.

Or, on a vu M. Riou intervenir en étourneau
pour m'accuser de mauvaise foi et réclamer une
rétractation ou une réparation ?

En supposant que, personnellement, il en eût
le droit, ne serais-je pas autorisé à conclure que
tous ceux que j'ai accusés en même temps que
lui se sont reconnus coupables, puisqu'ils n'ont
point suivi son exemple ?

Mais, bien loin d'avoir établi ma « mauvaise
foi », M. Riou s'est chargé de faire la preuve
de la vérité absolue de tout ce que j'ai articulé
contre lui.

En effet, voulant l'amener sur le terrain sérieux de la discussion, voici la lettre que, sous
pli recommandé, j'adressai, le 31 août, à l'Administrateur du **Patriote**.

     Monsieur,

    Vous avez cru pouvoir communiquer à mes adver-
saires, avant de la publier, ma lettre du 26 Août, pour
leur permettre de la faire suivre de prétendues explications qui tendent à en atténuer la signification. C'est
un procédé insolite que votre ignorance des usages de
la presse peut seule faire excuser.
    Pour répondre à la nouvelle communication des
témoins de M. Riou, je pourrais, à mon tour, « affirmer sur l'honneur » l'exactitude absolue de ma version;
mais ces affirmations divergentes ne permettraient
point à l'opinion publique de se prononcer.
    Si M. Riou tient autant que moi à ce que l'équivoque
fasse place à la vérité, qu'il établisse, dans vos colonnes, la fausseté ou l'inexactitude des faits que j'ai arti-

culés contre lui et alors, — mais alors seulement,
— je lui accorderai pleine satisfaction.

Je ne crois pas avoir besoin d'invoquer mon droit
absolu de réponse pour que vous donniez à cette mise
en demeure la publicité du **Patriote.**

Recevez etc..

Je me trompais ; cette lettre n'a pas été insé‑
rée.

En s'opposant à ce qu'elle parût dans le
Patriote, M. Riou a péremptoirement prouvé
qu'il était dans l'impossibilité de se justifier
et que, dès lors, sa demande de rétraction ou
de réparation n'était qu'une comédie destinée
à donner le change au public.

MM. Pradal m'ont fourni un argument non
moins concluant.

Dans ma 10ᵉ Lettre, j'ai incidemment parlé
d'un opuscule sur « l'**Armée de Bretagne** » en
en attribuant la paternité à M. François Pradal.

Celui-ci a tout aussitôt déclaré, dans les colonnes du **Patriote,** qu'il n'était en aucune
façon l'auteur de cette étude.

Je lui donne volontiers acte de cette.. renon-
ciation ; mais, à mon tour, j'affirme que, le 18
mai 1884, M. Fr. Pradal, en venant me re‑
mercier de ma conférence du 3 de ce mois, me
remit le susdit opuscule, qu'il me dit en être
l'auteur et que, pour en garder le souvenir,
j'écrivis en sa présence, sur la couverture,cette
mention que j'y relis : « Offert par l'auteur,
M. Fr. Pradal, le 18 mai 1884 ».

Quand M. Pradal a-t-il dit vrai ? En s'attribuant jadis la gloire ou en repoussant maintenant la responsabilité de cette brochure ?

Peu important est ce détail. Mais de son dé‑
menti, j'ai une déduction à tirer.

En niant une — et une seule — de mes assertions, il reconnaît évidemment le bien fondé
de toutes les autres sur lesquelles il se tait.

Il se peut que, pour essayer de se disculper,
ceux que j'ai attaqués attendent la fin de mes
Lettres. C'est dans le journal où ils le feraient
qu'alors j'aurais à leur répondre.

Je n'ai refusé à personne le « droit de réponse »
dans la publication que je clos aujourd'hui ;
mais, pour me l'assurer dans le **Patriote** ou
ailleurs, je saurais au besoin recourir aux tribunaux.

Quelqu'un m'écrivait dernièrement que « les
propriétaires de ce journal ne seraient pas
assez naïfs de faire servir ses colonnes à leur
propre éreintement ».

Soit ; mais, alors, je fais à mes adversaires
une autre proposition.

M. Pradal a, maintes fois, prêté les salons
de sa mairie pour des réunions utiles à ses
amis et à lui-même ; c'est ainsi que j'y ai fait
ma conférence du 3 mai 1884. Qu'il la mette
à la disposition de tous ceux qu'ici j'ai attaqués
et que ceux-ci y fassent une réunion publique.
J'y « comparaîtrai » en face d'eux et là, devant
le public notre commun et souverain juge,
s'ouvrira un débat que devra clore un verdict
couvrant d'infamie eux les accusés, ou moi
l'accusateur.

S'ils ne relèvent pas ce défi, leur silence sera
leur condamnation, comme la confirmation
de tout ce que j'ai avancé.

En attendant, je prie ceux que je n'ai pu
convaincre de réfléchir seulement à la situation
présente du parti républicain de ce départe-

ment et de son soi-disant organe.

Chacun fait ce qu'il peut et je croyais avoir fait quelque chose pour celui-ci et celui-là pendant les quinze mois de ma direction.

Jamais je n'avais autant travaillé.

J'ai le droit de dire — et la collection du **Patriote** en fait foi — que je ne laissai aucune question sérieuse sans examen, aucun intérêt public sans défense, aucune attaque sans réponse, aucun des membres du parti sans appui. Tout en suivant la politique générale, j'étudiais les affaires locales et soutenais de continuelles polémiques ; ce qui ne m'empêchait pas de courir sur tous les points du département, pour rendre compte des comices agricoles, des fêtes maritimes ou scolaires, pour faire des conférences ou des réunions électorales.

Ce beau zèle, digne d'une meilleure cause, était précisément ce qui inquiétait la Coterie. Il est vrai que, tout en puisant dans mon activité même leurs griefs contre moi, ses membres n'en mettaient pas moins à continuelle contribution mon dévouement, ma plume et ma parole.

Tout cela est oublié et il n'est pas jusqu'au « Petit-Bessard » qui n'ait tenu à faire preuve à mon endroit de l'indépendance du cœur.

Pendant dix-huit mois, il m'a « montré » des sentiments qui contrastaient avec l'ingratitude de ses amis. L'an dernier, quand il se présenta au Conseil Général, il m'honora de toute sa confiance pour la rédaction de ses circulaires et professions de foi. Elu, il a pensé n'avoir plus besoin de moi et il m'a tourné le

dos, jugeant plus fructueux de se faire le cour-
tisan de ceux contre la félonie desquels je l'a-
vais défendu.

Qu'on n'aille pas croire que ces abandons me
touchent. Ils ont quelque peu contribué à
m'ouvrir les yeux sur les hommes et sur les
choses dont je parle et ils m'ont, dans ces
« Lettres », plutôt porté à l'indulgence qu'au
ressentiment. De même que les incartades
d'une maîtresse finissent par éteindre l'amour
du plus ardent amant, ce sont les vilenies de
ceux au milieu desquels il m'a fallu vivre au
Patriote qui m'ont donné conscience de la
coupable imprudence que j'avais commise en
m'aventurant parmi eux.

C'est donc entendu et j'en conviens : je n'étais
pas l'homme qu'il fallait pour diriger l'organe
du parti Républicain de ce département ou
même d'ailleurs. Je l'ai compris, puisque, malgré ma passion pour le journalisme, j'y ai renoncé.

Qu'il ne soit donc plus question de moi et
que, pour juger de la situation du parti républicain comme de la valeur de ses chefs, on
examine les actes de ceux-ci et les progrès de
celui-là depuis le jour de ma démission.

Sur la recommandation d'un d'entre eux,
aussi ferme Républicain qu'homme clairvoyant,
M. le Docteur Baudet, les actionnaires firent
choix, pour me remplacer, d'un rédacteur qui
avait — il l'a prouvé — de grandes qualités.

Jeune, il n'avait pas l'entêtement qu'amène
l'âge, sinon l'expérience, et comme il était désireux de bien faire, il ne demandait que de bons
conseils. Il aimait le travail et on se souvient

qu'il poussa le dévouement jusqu'à prendre l'épée après la plume pour défendre ses « patrons. »

Pourquoi donc n'est-il pas resté au **Patriote** ?

Parce qu'il n'a pu réussir à contenter à la fois le parti et la Coterie. Le jour où, pour marcher avec celui-là, il a résisté à celle-ci, il a été brisé. On sait par qui il a été congédié et, pour légitimer cette « expulsion » aux yeux des républicains dont M. Martin avait su se faire des amis, M. Armez n'a pas craint de le dénigrer, en le présentant comme « un nonchalant qui ne travaillait pas » !

Allez-donc, pour de tels hommes, donner votre sang ! C'est encore trop de leur donner de l'encre !

Aujourd'hui, l'organe du parti républicain des Côtes-du-Nord est dirigé, rédigé, administré, géré par un certain Monsieur que je connais comme si je l'avais fait. C'est le cas d'user de ce dicton, puisque c'est moi qui l'a fait entrer au **Patriote**.

En 1883,— époque à laquelle je le connus, — il était garçon de ferme en Basse-Normandie, mais il avait des aspirations plus hautes et voulait « aller à Paris ». Pour le caser dans un poste en rapport avec ses aptitudes (plutôt qu'avec ses prétentions), je le fis entrer comme « piqueur auxilliaire » dans les écuries de la de la Compagnie des Omnibus. Mais, ayant eu parfois à faire le compte de recettes des conducteurs, il s'embrouillait si constamment dans ses additions qu'on dut le congédier.

Après lui avoir, un an durant, patiemment

— 188 —

donné quelques notions élémentaires d'ortographe et de calcul, je fis de lui le « chef de départ » du **Patriote**, emploi qui consiste à plier, à ficeler, à affranchir et à expédier les paquets de journaux.

On voit par là à quel écrivain distingué, à quel journaliste expérimenté est aujourd'hui confiée la direction de l'organe du parti républicain. (1)

Si, comme valeur et comme caractère, ce factotum est digne de la confiance de la Coterie, le journal lui-même répond on ne peut mieux à « l'idéal » de celle-ci » ; c'est t bien la « feuille de chou » la plus belle que possède la presse française.

Toute la partie politique est empruntée à une correspondance parisienne qui, envoyée en échange d'annonces au rabais, n'a aucune autorité, et je constate, par la « Chronique Locale », entièrement coupée dans les autres journaux du département, que la presque totalité des correspondants que j'avais créés ont cessé leur collaboration. Pas une question n'est sérieusement étudiée ; pas une polémique n'est suivie et les feuilletons sont si sottement choisis que, dans ce papier maculé d'encre, il n'y a rien à lire.

Et c'est avec cette arme crasseuse, rouillée, détraquée, dont un novice a le maniement, que le parti républicain espère être défendu?

Non! Ses membres les plus optimistes conviennent que le **Patriote** n'exerce mainte-

1. La signature A. Le Meur, que l'on voit dans le **Patriote** figurer au bas d'articles intermittants et dénués d'actualité, n'est que le pseudonyme d'un collaborateur étranger au département.

nant aucune action, n'est propre à aucune propagande.

Il fut, cependant, un temps où son influence s'exerçait en même temps que sa situation financière était prospère.

Le bilan présenté à l'assemblée d'avril 1885 accusait un excédent de recettes au 31 janvier. S'il était prématuré d'escompter alors des bénéfices prochains, on pouvait néanmoins regarder comme couvertes les dépenses ordinaires.

Or, voici que, un an plus tard, l'affaire était en pleine déconfiture et le bilan se traduisait par un déficit, le fonds social étant épuisé.

La société a ainsi pris fin.

S'emparant de son actif, en dehors de toute procédure légale, une société nouvelle a été formée par les soins de la Coterie, qui a su y faire entrer en majorité ses suppôts.

Quant aux souscripteurs primitifs, dont l'argent avait, non seulement fondé le **Patriote**, mais payé plus du tiers du matériel, ils se sont trouvés évincés du journal qui, en fait et l'on peut aussi dire en droit, était leur propriété.

Le complot dont j'ai, dans mes 3e et 4e lettre, dévoilé la trame, les moyens et le but, a de la sorte réussi.

La Coterie est maîtresse.

Quant au parti républicain des Côtes-du-Nord, ce n'est plus qu'une armée sans cadres, sans organisation, sans discipline, sans armes, sans munitions, débandée et démoralisée!

C'est un fait trop patent pour que qui que ce soit le puisse contester.

Cette armée ne peut plus avoir en perspective

que des défaites, d'autant qu'on est, dans le camp opposé, on ne peut mieux préparé à la lutte.

Obéissant à des suggestions que je croyais honnêtes et aussi à des « poussées » de vanité qu'aujourd'hui je déplore, j'ai cru que, en venant mettre au service du parti républicain l'expérience que j'avais acquise chez ses adversaires, je m'imposerais à sa confiance et me couvrirais de gloire !

Je n'ai personnellement retiré de cette aventure que des déboires et des dommages. Puis-je m'en plaindre? Non. Ils sont le châtiement et — je veux l'espérer — l'expiation de ma témérité.

Mais lorsque — m'étant ainsi mis hors des deux camps, et condamné à une humiliante « inactivité » — je signale à ceux dont je fus le « compagnon temporaire » (le « clairon d'extra » comme l'écrivait l'autre jour un de mes censeurs), les causes de leur infériorité, ils auraient tort de faire fi de mes observations, de dédaigner « mes révélations ».

Votre infériorité, Républicains des Côtes-du-Nord (et d'ailleurs aussi, je le crains), vient de la félonie et de l'incapacité des condottières politiques que vous avez acceptés pour Chefs et dont vous subissez l'avilissante autorité !

Je les ai dénoncés, mais en m'accusant. Si j'ai dit leurs méfaits, j'ai confessé les miens. Qui peut encore suspecter ma sincérité?

Je crois avoir ainsi fait mon devoir. Maintenant, c'est au corps électoral à faire le sien.

E. LE NORDEZ.

POST-SCRIPTUM

28 septembre 1887,

Ce qui précède était écrit et envoyé à l'imprimerie lorsque, le 23 de ce mois, j'ai reçu deux assignations à « comparaître, le jeudi 6 octobre heure de midi, par devant le Tribunal correctionnel de Saint-Brieuc, » à la requête de chacun de ces messieurs Pradal qui, tous deux, prétendent relever dans mes « Lettres » maints passages constituant les délits de diffamation et d'injures.

Les demandeurs ont fait assigner également, outre les éditeurs, la marchande de journaux qui a vendu à Saint-Brieuc les « Coups de Garcette », ainsi que la personne qui a consenti à recevoir, au Portrieux, les lettres, communications ou demandes qui pouvaient m'y être adressées pendant leur publication.

En ce qui me concerne j'avais, dès ma première lettre, prévu cet incident et déclaré que je verrais dans un procès « l'occasion désirée » de dire certaines choses qu'il est parfois difficile d'écrire.

Comme personne ne peut — cette fois-ci —

me contraindre soit à faire défaut, soit à me
taire, on peut être certain que je ne manquerai
pas au rendez-vous, et que je parlerai.... de
façon « à me rattraper. »

D'autre part, le 25 septembre, il m'est arrivé par la poste un numéro du **Patriote,**
sous une bande portant cette suscription :
« Le Citoyen Le Nordez, ex-frère Mathieu,
chez la Citoyenne Courtès, Portrieux-St-Quay.»

Ce numéro contenait une réponse de M. Le
Lyonnais, avoué à St-Brieuc, aux passages de
mes Lettres qui le touchent.

La logique de cette épitre vaut l'atticisme de
l'adresse sous laquelle elle m'est parvenue.

M. Le Lyonnais ne me donne pas moins
de quatre « démentis ».

J'ai dit que, le 2 mai 1884, il était venu réclamer de moi l'insertion, dans le **Patriote,**
d'une note par laquelle il dénonçait M. Viet-
Dubourg comme l'auteur du pamphlet, « prétendant en avoir les preuves en mains ».

M. Le Lyonnais reconnait bien être venu me
voir au sujet du pamphlet; il n'a pas gardé
« un souvenir très-précis » de notre entretien
mais il « nie énergiquement avoir dit à qui que
ce soit » qu'il avait la preuve que l'auteur du
pamphlet fut tel ou tel. » Et, pour l'établir,
il demande comment il aurait pu prétendre
avoir en main cette preuve sans que je lui
demandasse « communication des documents
constitutifs » ou, sans qu'il dénonçât le diffa-
mateur à la justice.

M. Le Lyonnais a la mémoire bien obscurcie.

Je lui demandai si bien communication des preuves qu'il prétendait avoir en mains qu'il me les remit et, qui plus est, me les laissa. J'ai conservé, fort heureusement, ces « documents constitutifs » et j'aurai le plaisir de les faire passer, jeudi prochain, sous les yeux du tribunal et sous le nez de mon contradicteur.

C'est parceque ces prétendues « preuves » me parurent peu concluantes que je m'opposai à l'insertion de la « dénonciation » de M. Le Lyonnais. C'est pour la même raison que les intéressés, malgré ses incitations, renoncèrent — après trois semaines d'hésitation — à saisir la justice.

Le second « démenti » de M. Le Lyonnais s'applique au récit que j'ai fait des incidents de ma conférence du 3 mai 1884 à la Mairie de Saint-Brieuc.

Il affirme qu'il était « fatigué » de me voir « harceler » comme une « victime » M. Viet-Dubourg et que, pour mettre un terme à cette « scène écœurante », il s'est fait « l'interprète des sentiments de l'assistance », en m'adressant ces paroles : « Assez ! Finissez ! »

Ceci n'est plus un défaut de mémoire, mais, — selon l'expression même de M. Le Lyonnais — de l'impudence !

J'en appellerais volontiers au témoignage de M. Viet-Dubourg qui affirmerait que mon adversaire l'a, dans cette soirée, menacé de l'écharper en le traitant de « canaille »

Je pourrais rappeler les résultats du scrutin du lendemain qui traduisirent les « sentiments de l'assistance » d'une façon toute opposée à la version de M. Le Lyonnais et invoquer la gra-

titude bruyante que m'exprimèrent ceux dont,
en attaquant M. Viet-Dubourg, j'avais assuré le
triomphe électoral

Mais, pour m'éviter cette discussion, mon
contradicteur prit soin de se réfuter lui-même
un peu plus loin.

Son troisième démenti est relatif à ce que
j'ai dit des efforts faits, par lui entre autres, pour
me dissuader d'assigner des témoins.

Il écrit :

> Dès que j'eus connaissance de l'assignation, je dis à
> M. L. Nordez que sa défense me paraissait facile :
> que pour l'établir il lui suffirait d'appeler comme
> témoins quelques-unes des personnes ayant assisté
> à la scène du 3 mai et je lui offris de me faire
> citer.

Comment ! M. Le Lyonnais, qui avait été
« fatigué » de me voir « harceler » M. Viet-
Dubourg, fût venu témoigner contre lui ! Alors
qu'il avait vu en lui « ma victime », c'est de
moi qu'il eût pris la défense ! Il a trouvé ma
conduite « écœurante » et il l'eût justifiée devant le tribunal ! Après m'avoir donné tort à
la conférence du 3 mai, il était prêt à me donner
raison à l'audience du 23 octobre !

Semblable contradiction est un flagrant délit
de mauvaise foi ! Le constater suffit.

Enfin, me donnant un quatrième démenti,
M. Le Lyonnais affirme que c'est moi qui, dans
le premier procès que m'intenta M. Viet-Dubourg, refusai de comparaître et décidai de
« laisser défaut. »

Je me contente d'opposer à cette grotesque
assertion, la lettre que m'adressèrent, le 17

octobre, les membres de mon Conseil d'administration et que, en mon absence, ils firent
publier dans le **Patriote** du 22. On pourra
en s'y reportant, se bien convaincre de l'entière exactitude de la citation que j'en ai faite
à la page 153 de mes « Coups de Garcette. »

Que prouve donc la lettre de M. Le Lyonnais ? Rien que le bien fondé de mes griefs
contre lui et ses amis.

J'ai voulu établir, en effet, qu'ils m'ont
« lâché », trahi, outragé, après que je m'étais
compromis pour · eux. M. Le Lyonnais le
confirme, et avec autorité, car s'il a été un
des plus « obligés », il se montre aujourd'hui
un des plus haineux.

.·.

Depuis l'apparition de ma 1re Lettre j'ai
reçu un grand nombre de « correspondances ».

On trouvera bon que je passe sous silence
les approbations que j'ai reçues, de même que
les injures et les menaces anonymes qui
m'ont été adressées.

Aucune demande de rectification ne m'est
parvenue ; mais, outre les témoins de M. Riou,
j'ai reçu deux « cartels » à ce point idiots que
je ne pourrais en désigner les auteurs sans
les couvrir d'un ridicule qui, cette fois, serait
une offense.

Je conterai ces « don-quichotteries » ailleurs qu'ici.

.·.

· Un document d'un grand intérêt m'a été
remis sur « les fortunes » de M. Armez : for-

tune financière, fortune foncière, fortune politique.

Les détails d'ordre privé qu'il contient ne me permettent pas de le publier, mais j'en détache une appréciation originale sur l'homme public :

« On aurait tort de prendre M. Armez pour le « mauvais génie » de son parti. Il n'est pas pas un « génie » et il n'est pas « mauvais ». Intelligence ordinaire, et aussi dénué de volonté que d'astuce, je le crois plus incapable encore d'ourdir un complot que d'en diriger l'exécution.

« Pour faire diversion à des soucis intimes, à des déboires immérités, dont son amour propre souffrit plus que son cœur, il s'est jeté dans la mêlée politique Son ambition est ainsi née d'un dégoût et non d'une espérance; elle est le besoin d'une ivresse qui étourdisse et point du tout la noble passion de s'élever dans l'estime publique en faisant le bien. Il a dû, pour la satisfaire, user de moyens conformes à son principe comme à sa fin, et s'associer à des hommes que de tels sentiments ne pussent rebuter. »

« Et c'est de la sorte que, comme certain prince anglais tombé roi des Ribauds, M. Armez est devenu le chef ou plutôt l'homme-lige des intriguants qui exploitent la confiance du parti républicain.

Instrument docile — peut-être même inconscient — de leurs machinations, il s'enivre de leurs turpitudes et de leurs flatteries; les unes et les autres lui sont devenues nécessaires, comme la « verte » l'est aux absinthes. »

Comme « circonstances atténuantes », ces explications sont peut-être plus accablantes que mes accusations.

•
••

Je crois devoir citer textuellement le passage suivant d'une lettre relative à mes appréciations sur M. Cavé-Esgaris :

« Je n'ai jamais bien compris pourquoi les divers ministres de l'intérieur ont pris l'habitude de choisir des méridionaux pour administrer nos départements du Nord.

« Ce sont, certainement, d'aimables hommes que les méridionaux, pleins d'entrain et d'initiative ; ayant l'esprit délié et la parole facile ; qui ne connaissent point d'obstacles et ne doutent de rien, surtout d'eux-mêmes ; chez lesquels les amitiés sont promptes, les camaraderies tolérantes, les ardeurs éphémères, les ressentiments aussi peu durables que les... engoûments. Mais ces « qualités » heurtent si complètement les mœurs, le caractère et les idées de nos populations que celles-ci les tiennent pour des défauts. Il en résulte des antipathies très nuisibles à la considération, à l'influence, à l'action de ces fonctionnaires. On les traite en étrangers ; eux finissent par prendre en aversion un pays où on leur fait mauvais accueil et, au lieu de songer à le bien administrer, ils n'ont d'autre souci que de le quitter au plus tôt... »

C'est absolument mon avis.

•
••

Un correspondant désirerait savoir pourquoi M. Ch. Pradal a donné la place d'honneur aux portraits de Louis-Philippe et de Napoléon III au musée de Saint-Brieuc, lequel est dans la mairie même.

C'est sans doute que le maire de Saint-Brieuc, tient à avoir des amis dans tous les camps.

* *

Un « briochin » aurait tenu beaucoup à ce que je dise que, en juillet dernier, une élection au conseil d'arrondissement ayant lieu dans le canton que représente au Conseil Général M. Ch. Pradal, celui-ci s'est absolument opposé à ce que le candidat du **Patriote**, M. Rioche, prit sur ses affiches, le titre de « candidat républicain. ».

Voilà qui est fait.

Mieux vaut tard que jamais.

* *

Mais — pour aujourd'hui — j'arrête ici la revue des communications qui m'ont été faites, malgré l'intérêt de bon nombre d'entre-elles.

D'autre part, en revisant la série des Lettres que celle-ci vient terminer, je m'aperçois que j'ai négligé bien des faits, surtout bien méfaits, et je constate que, pour dire le « saillant », j'ai tu le « mesquin »; je le regrette, car c'est surtout par les « petitesses » que se distinguent les nains politiques dont je me suis occupé.

Mais ceci n'est pas mon « dernier mot » sur eux et je dis à mes lecteurs, non pas adieu, mais... à bientôt.

E. LE NORDEZ.

Poitiers. — Imp. Barreux-Gauvin.